"十四五"职业教育部委级规划教材

文物衍生品设计开发

WENWU YANSHENGPIN
SHEJI KAIFA

周帅 主编

刘金芳 张葛 耿少博 副主编

U0747438

中国纺织出版社有限公司

内 容 提 要

新时代文物工作方针明确指出"让文物活起来",文物衍生品设计开发作为有效利用文物资源并进行创意产品转化的重要方式,受到了文博行业的广泛重视,文物衍生品设计开发技术人才也得到了文博产业的广泛欢迎。

本书是面向职业院校、技工院校文物保护与修复专业,以服务文物衍生品设计开发技术人员培养为宗旨,按照"理论与实践结合,应用与创新并重"的原则所组织编写的教材。全书结合大量的设计案例,科学系统地介绍了文物衍生品设计开发的理论知识、方法原则、技术手段和开发流程。旨在帮助青年学子了解文物衍生品,激发设计热情。

图书在版编目(CIP)数据

文物衍生品设计开发 / 周帅主编;刘金芳,张葛,耿少博副主编. -- 北京: 中国纺织出版社有限公司,2023.5

"十四五"职业教育部委级规划教材

ISBN 978-7-5229-0480-1

Ⅰ. ①文… Ⅱ. ①周… ②刘… ③张… ④耿… Ⅲ. ①文物—文化产品—产品设计—中国—职业教育—教材② 文物—文化产品—产品开发—中国—职业教育—教材 Ⅳ. ①G124

中国国家版本馆CIP数据核字(2023)第062289号

责任编辑:刘美汝 华长印 责任校对:王花妮
责任印制:王艳丽

中国纺织出版社有限公司出版发行
地址:北京市朝阳区百子湾东里 A407 号楼 邮政编码:100124
销售电话:010—67004422 传真:010—87155801
http://www.c-textilep.com
中国纺织出版社天猫旗舰店
官方微博 http://weibo.com/2119887771
天津千鹤文化传播有限公司印刷 各地新华书店经销
2023 年 5 月第 1 版第 1 次印刷
开本:787×1092 1/16 印张:9
字数:125 千字 定价:59.80 元

凡购本书,如有缺页、倒页、脱页,由本社图书营销中心调换

【前言】

2022年7月，全国文物工作会议在北京召开，会议上提出了新时代文物工作方针，即"保护第一、加强管理、挖掘价值、有效利用、让文物活起来"，进一步突出了文物工作的重要社会价值，为做好新形势下的文物工作指明方向。于是，"如何有效利用文物资源""如何让文物活起来"成为当下文物事业发展的重要任务和全新课题。文物衍生品设计开发作为让文物"活"起来的重要方式之一，受到了文博、文保行业及产业的大力扶持，并取得了显著的成绩。文物衍生品已逐步走进人民的日用生活中，成为文物文化宣传推广的"形象大使"。

近年来，随着国家文化、文物事业的高歌猛进和文物人才队伍建设工作的全力推进，越来越多的高校、职业院校、技工院校相继开设文物保护与修复相关专业，并将文物衍生品的开发与设计作为必修课程纳入人才培养体系之中，致力于培养新时代知识型、技能型、创新型的文保技术人才。但截至目前，文物衍生品开发与设计的相关专业教材少之又少，各院校迫切需要专业教材来指导教学、培养人才。为此，我们积极响应党的二十大指导精神，紧扣立德树人根本任务和教育初心使命，主动适应需求，立足于文物衍生品发展最前沿，按照工学一体化的教学理念，在"理论与实践结合，应用与创新并重"的原则下组织编写本书。

本书共有五章。第一章文物衍生品设计开发概述，深入浅出地厘清了文物衍生品、文物衍生品设计的理论概念和基本特征。第二章文物衍生品设计的类型，科学全面地介绍了文物衍生品设计的"三类""九型"。第三章文物衍生品设计开发的方法与原则，以例说法，阐述了文物衍生品设计开发的"十大方法"和"六大原则"。第四章文物衍生品设计开发的新技术手段，与时俱进地介绍了文物衍生品设计开发所需的最新数字技术、成型技术等。第五章文物衍生品设计开发的流程，系统、细致地解读了设计开发的"六大环节"。同时，为了强化理论知识理解，启发读者创意，本书还汇集了由周帅文创设计团队（周帅老师及其指导的学生师飒爽、张天昊、朱家印、李明悦、范思瑾、田鹤、郭梦柯、王子畅等）、企业专家耿少博等创作的大量文物衍生品实践案例。

本书由周帅主编，刘金芳、张葛、耿少博、马晓芳、韩琨参与编写，在编写过程中深受刘佳研究员"适度设计"理论和"设计服务民生"观点的启发，并得到了朱玉玲、王江、尚晓燕、赵清、李玉鹏、王雪涛、刘意等领导的支持与帮助，在此深表谢意。

衷心期望本书能够得到广大读者的关注和认可，借此帮助文物保护与修复专业学生建立起文物衍生品设计开发的系统认知，形成文物资源应用开发的意识，激发设计创新的强烈热情，为文物衍生品的设计实践奠定理论基础和情感基础。

周帅

2023年春

于北京平西府

【目录 】

第 一 章

【文物衍生品设计开发概述】

概述

文物衍生品设计与开发的「原点」是文物，「终点」是文物衍生品，「手段」是设计与开发，所以文物衍生品设计开发研究的首要前提是厘清文物与文物衍生品、产品设计与文物衍生品设计之间的关系。

"让文物活起来"成为新时代下体现文物价值、展示文化精神、扩大文化影响、彰显大国气象的重要方式之一。以文物为中心的创新型应用与开发成为新时代的新课题，其中就包括文物衍生品的设计与开发。

本章的重点在于厘清文物与文物衍生品、产品设计与文物衍生品设计之间的关系。

【第一节】 文物与文物衍生品

一、文物的概念与类型

（一）文物的概念

文物者，人类社会发展与历史演进过程中的价值物质遗存，是人类自我创造的物质体现，也是人类生产活动的物质证明，更是人类精神文化的物质承载。根据《中华人民共和国文物保护法》，文物包含"具有历史、艺术、科学价值的古文化遗址、古墓葬、古建筑、石窟寺和石刻、壁画；与重大历史事件、革命运动或者著名人物有关的以及具有重要纪念意义、教育意义或者史料价值的近代现代重要史迹、实物、代表性建筑；历史上各时代珍贵的艺术品、工艺美术品；历史上各时代重要的文献资料以及具有历史、艺术、科学价值的手稿和图书资料等；反映历史上各时代、各民族社会制度、社会生产、社会生活的代表性实物"。

（二）文物的类型

文物的分类方式众多，包括时代分类法、遗存形式分类法、地域分类法、质地分类法、功用分类法、属性分类法、价值分类法、来源分类法等，其中以时代分类法、遗存形式分类法的应用最为普遍。时代分类法是按照文物生产制作的时代为标准进行分类，而遗存形式分类法则是按照文物的存在形态、存在方式和存在体量为标准进行分类。

1.按时代分类

按照时代分类法，我国文物可分为史前文物、古代文物和近现代文物。

（1）史前文物

史前文物是指有文字记录之前，中国人类社会所产生的有价值的物质遗存，包含旧石器时代文物和新石器时代文物，如1955年在陕西西安半坡出土的仰韶文化中期彩陶人面鱼纹盆。

（2）古代文物

古代文物是按照中国历史时期的各个朝代进行划分的，包含夏代文物、商代文物、周代文物、秦代文物、汉代文物、魏晋南北朝文物、隋代文物、唐代文物、五代十国文物、宋代文物、辽代文物、金代文物、元代文物、明代文物、清代文物。

（3）近现代文物

近现代文物是以辛亥革命推翻封建王朝作为划分时间点，包含革命文物、民族文物以及民俗文物等。其中，革命文物主要是指"见证近代以来中国人民抵御外来侵略、维护国家主权、捍卫民族独立和争取人民自由的英勇斗争，见证中国共产党领导中国人民进行新民主主义革命和社会主义革命的光荣历史，并经认定登记的实物遗存。对社会主义建设和改革时期彰显革命精神、继承革命文化的实物遗存，纳入革命文物范畴。革命文物包括不可移动革命文物和可移动革命文物。"❶

2.按遗存形式分类

按照遗存形式分类法，我国文物也可划分为可移动文物和不可移动文物。

（1）可移动文物

可移动文物是人类社会发展与历史演进过程中的价值遗物，包括历史上各时代重要实物、艺术品、文献、手稿、图书资料、代表性实物等，按照材质又可细化为石器、陶器、铜器、铁器、金银器、玉器、瓷器、漆器、工艺品、书画、古

---

❶ 国家文物局.国家文物局关于报送革命文物名录的通知（文物政函〔2018〕1270号）〔Z〕.2018-10-10.

文献等。在我国依据文物的历史价值、文化价值、艺术价值和科学价值，可以将文物划分为珍贵文物（一级文物、二级文物、三级文物）和一般文物。

（2）不可移动文物

不可移动文物则是人类社会发展与历史演进过程中的价值遗迹，包括古文化遗址、古墓葬、古建筑、石窟寺、石刻、壁画、近现代重要史迹、纪念地和代表性建筑等。依据2011年中国国家文物局第三次全国文物普查数据显示，我国内地共登记不可移动文物766722处。世界遗产56项，全国重点文物保护单位5058处，国家考古遗址公园36处，国家历史文化名城137座。

二、文物衍生品

文物衍生品是以文物为本源和母体，将其所蕴含的知识内容、历史信息和文化价值等，通过不同的物化形式转变或演变为满足现代人的文化需求，适合现代人日用生活，符合现代人审美品位的文化产品。简而言之，文物衍生品就是应用文物本身及其所含元素、信息而再次创作的产品。其包含文物复制品、文物仿制品、文物创意产品、文物出版物和文物体验产品五大类。

（一）文物复制品

文物复制品是指"依照文物的体量、形制、质地、纹饰、文字、图案等历史信息，基本采用原技艺方法和工作流程，制作与原文物相同的制品的活动"[1]。文物复制行为受国家文物局严格管理，由博物馆或权威专业机构按照"少而精"的原则进行严格且高质量的复制，每一件文物复制品都有明确的标识和数量编号，其能够间接传达出文物的有形价值、无形价值，增强博物馆社会教育活动的体验感，拉近文物与观者之间的距离。

（二）文物仿制品

文物仿制品是以文物本身为原型，利用数字扫描设备、高清打印设备、数字成型设备等进行不同比例的批量化文物仿制的产品。该类产品往往不具备文物的研究价值，大多是由获得文物衍生品开发许可的商业机构生产制作，面向社会大

---

[1] 国家文物局.国家文物局关于发布《文物复制拓印管理办法》的通知（文物政发〔2011〕1号）[Z].2011-1-27.

众，以亲民的价格来满足人民对文物美学的追求和文化生活的需求。

（三）文物创意产品

文物创意产品是文物衍生品的重要组成部分，也是文物衍生品中体量最大、发展前景最为广阔的类型之一，是以文物为中心，以文物的背景（历史、故事、相关人物）、元素（内容、器形、纹饰）及其文化内涵为重要依托，应用文化创意产品设计的方法、原理和现代设计技术开发出来的兼具文化性、历史性、趣味性、体验性、功能性、创意性的产品，能够将文物本身的文化价值、历史价值、科学价值以产品的形式融入人民的日用生活之中，进而丰富人民的文化生活，提升人民的文化自豪感。例如，苏州博物馆推出的文物衍生品"衡山杯"就是以明代书画家文徵明的印章"衡山"作为底款开发出的茶杯（图1-1）。

（四）文物出版社

文物出版物是以各个博物馆或研究机构为主体，围绕重要文物藏品进行的以文物宣传和文物研究为主要内容的成果体现，主要包括报纸、刊物、书籍、调研报告、游览手册等出版物。例如故宫博物院开发出版的《紫禁城100》就很好地为游览者提供了了解故宫建筑空间文化和宫廷生活文化的机会（图1-2）。

图1-1　衡山杯文物创意产品

（五）文物体验产品

文物体验产品是各类博物馆为配合文物展览、提升文化感受而推出的与文物相关的文化体验活动，能够让游览者参与到文化之中并进行互动进而产生多维的文化感受。如博物馆"护照"打卡集印，文创饮品、食品售卖，个性化纪念品定制，"文物盲盒"考古挖掘等。

图1-2　紫禁城100封面
《紫禁城100》故宫出版社2015

【 第二节 】 产品设计、文创产品设计与文物衍生品设计

一、产品设计

设计"是针对一定目标的求解和决策过程，是人类创造活动的基本范畴。广义的设计，涉及人类一切有目的的活动，反映着人的自觉意志和经验技能，与思维、决策、创造等过程有不可分割的关系；而狭义的设计则专指人类生活、工作领域内的与经济、技术、艺术密切相关的各种独立完成的构思和创造过程"[1]。按照目的的不同，设计可划分为视觉传达设计、环境设计、产品设计三大类型。其中，产品设计是以人文本，按照现代工业技术或传统手工艺技术对原材料进行有目的地加工和制作的设计，其核心是综合处理材、形、色、饰等要素与功能之间的关系，使产品兼顾功能性、审美性、社会性、经济性，进而满足人们的日用需求。

随着科技的发展、文化的兴盛、经济的腾飞，人民的文化生活需求日益提升，成为产业升级、消费升级、体验升级，以及供给侧结构性改革的强大动力之一。产品设计的文化性、体验性也逐渐被摆在突出位置，文创产品设计逐步成为产品设计的重要方向。

二、文创产品设计

文创产品设计是伴随着文化创意产业发展和人民文化生活需求提升而产生的设计类型，是产品设计的一种。是将文化元素、文化内涵融植于产品设计理念之中或外化于产品形式之上，以文化价值为先、以文化体验为要的创意性行为。具体而言，就是"通过分析文化器物本身所蕴含的文化因素，将这些文化因素以符

---

[1] 刘佳. 当代中国社会结构下的设计艺术 [M]. 北京：社会科学文献出版社，2014：2.

合现代生活形态的形式转化成设计要素，并探求其使用后的精神层面满足——即产品的体验价值"❶。

2014年2月国务院发布《关于推进文化创意和设计服务与相关产业融合发展的若干意见》，指出："推进文化创意和设计服务等新型、高端服务业发展，促进与实体经济深度融合，是培育国民经济新的增长点、提升国家文化软实力和产业竞争力的重大举措，是发展创新型经济、促进经济结构调整和发展方式转变、加快实现由'中国制造'向'中国创造'转变的内在要求，是促进产品和服务创新、催生新兴业态、带动就业、满足多样化消费需求、提高人民生活质量的重要途径。"❷后续各级政府部门相继出台政策，切实推动了文创产品设计的发展。到现在，我国文创产品设计行业发展已十分成熟，按照设计服务对象的不同可划分为文物衍生品设计、旅游景区纪念品设计、文娱影视衍生品设计、活动会展创意产品设计和商业企业文创产品设计。

三、文物衍生品设计

文物衍生品设计是以文物为中心，整合文物的背景（历史、故事、相关人物）、元素（内容、器形、纹饰）及其文化内涵等多种资源，输出具有文化性、历史性、趣味性、体验性、功能性、创意性产品的创新性行为。文物衍生品设计服务对象为文博展馆、文史研究机构、历史教育基地、历史旅游景区、文物修复企事业单位等。

【 第三节 】 文物衍生品设计的基本特征

文物衍生品设计属于产品设计大类下文创产品设计的一个重要分支，因此其兼具产品设计的功能性、艺术性，以及文创产品设计的文化性、体验性。又因其

---

❶ 承君，等．文创产品设计［M］．北京：化学工业出版社，2019：3.
❷ 国务院．国务院关于推进文化创意和设计服务与相关产业融合发展的若干意见（国发〔2014〕10号）［Z］.2014-2-26.

是以文物为中心，面向现代社会和人民日常使用而进行衍生品开发，故而又具有历史性和时代性。

一、功能性与艺术性

（一）功能性

中国设计历来讲求"设计为人民服务"，无论是工业产品还是手工艺品，都将"以人为本，服务民生"视为第一要义。文物衍生品设计从本质上讲是带有文物标签的产品设计，"功用为先"不仅仅是其与生俱来的本质属性，也是其融入百姓日用生活进而推广文物知识和历史文化的关键所在。同时需要强调的是，在文物衍生品的设计与开发中，文物元素与产品功能的融合不是生硬拼接，牵强附会，而是基于对文物由内到外综合考量后的巧妙结合和有机融合。旨在利用设计的巧思，达成"情理之中、意料之外"的效果，让消费者能够在产品使用中感受到文物的魅力和趣味。例如，汉代和田玉虎符是皇帝调兵遣将的兵符，象征着军事权力，如今在设计师的巧妙构思下衍化设计成为了"虎符NFC卡"，将"虎符"本身的权力意味有趣地融合到了出行刷卡的日常行为之中，使文物衍生品在其功能的加持下和人的距离拉得更近（图1-3）。

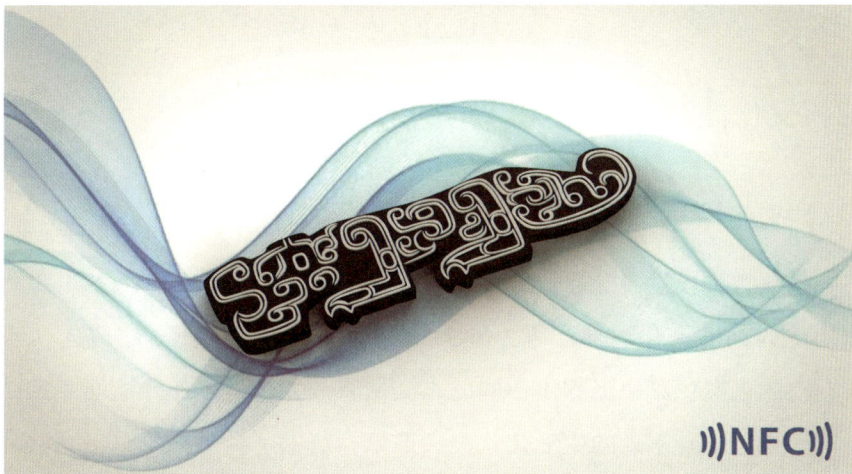

图1-3　虎符NFC卡　周帅文创设计团队

（二）艺术性

美是一切造物行为的重要法则，文物衍生品的设计与开发也是参照审美规律而进行的。一者要具有形式美，通过点、线、面、形、色、体的综合演绎，形成协调并具有美感的产品形象，给受众带来愉悦的视觉感受。二者要具有内在美，要在充分调研文物及其文物背景的基础上进行衍生品的适度、适当开发，选取具有美好寓意、没有禁忌的文物、文物元素、文物故事进行合理地衍生开发，给受众带来积极的内心感受。例如，故宫博物院文创产品"百蝶金喜红包"就是以清代文物红纳纱百蝶金双喜单氅衣上的纹样——喜相逢蝴蝶为元素进行设计的，具有喜庆祥和的视觉意味和"男女双庆，白头偕老"的美好寓意（图1-4）。

图1-4　百蝶金喜红包　故宫文创

二、文化性与体验性

（一）文化性

文物是人类社会发展的遗存，展现了各个时代的生产、生活方式，也凝结了每一个历史时期的文化精神，每一件文物都是受文化滋润而凝结成的"明珠"，闪耀着不同的人文色彩，流露出不同的人文情感。如传世名作《清明上河图》是以画卷的形式记录着宋人的生活文化；天下第一行书《兰亭序》是以书法的形式记录着东晋文人的雅集文化；清中期细开片青花釉里红太狮少宝喇叭赏瓶是以青花与釉里红的笔法承载了西蜀的民俗文化……因此，文化性是文物的核心内容，也是文物衍生品的重要属性。

文物本身所蕴含的文化元素和文化内涵，如文物的形制、花纹、图案、色彩、文字，以及文物背后蕴藏的传说典故、历史故事、哲学思想等都是文物衍生品设计开发的重要来源。在文物衍生品设计的过程中，按照"去糟取精"的方式，选择符合当下社会主义核心价值观的优秀传统文化元素进行创新型开发，将优秀文化因子融于现代产品之中，以此来实现文化的传承、传播与发展。例如周帅文创设计团队开发的"京京有味"系列文创围裙，就是以京剧服装"靠"所开发的现代家居用品——围裙，让京剧文化以一种巧妙的方式进入百姓生活之中（图1-5）。

图1-5 "京京有味"系列文创围裙 周帅文创设计团队

（二）体验性

随着体验经济的到来，"体验+设计"成为产品设计的新风尚，设计不再局限于功能与审美的满足，开始扩展延伸至用户的全部感官体验。同样，体验型设计也为文物衍生品的开发开辟了全新天地，文物衍生品的开发不再局限于产品之上，而拓展至食品、服装、空间等全方位的设计，营造出以文物为中心，满含历史价值、文化内涵的综合体验"场"。如考古盲盒产品的开发就是让游客身处文物发掘的"场域"之中，在考古发掘与"文物"修复的体验过程中学习文物知识，感知历史文化，并打造专属"文物"礼品。

同样，以文物为中心的特色IP形成了重要的文化资源，并以此构建了主题式衍生产品，这些产品涉及日用文创、食品饮品、服装饰品、娱乐玩具、游戏活动、影视动漫、书籍绘本等，形成了特色IP的全方位体验。如陕西历史博物馆以文物唐朝仕女俑为原型开发的"唐妞"IP形象，以文物及文物萌化的品牌路线，衍生出一系列产品，深受广大消费者喜爱（图1-6）。

三、历史性与时代性

（一）历史性

每一件文物都是从历史中走来，都承载着历史的片段记忆，也都诉说着一段段历史故事，文物的价值正在于此。因此，文物的历史性是与生俱来的本质属性，并且也将这种历史性深植在文物衍生品中，通过现代设计方法和现代设计语言来扩大

图1-6 "唐妞"IP形象
《唐妞驾到：一本书读懂唐文化》北京联合出版公司2020

文物的历史价值，让每一件产品用现代方式讲述着历史故事，传达着历史情感，使每一位受众都能在衍生品的使用把玩之中感受到历史的厚重和民族的自豪。

例如，周帅老师带领的文创设计团队就曾以昆仑关战役博物馆所藏的战役文物和战役文献为依托，设计开发了"昆仑关战役魔方"，魔方的六个面分别以插画的形式按顺序记录着战役的六个阶段，让青少年在休闲娱乐之中受到爱国教育，在和平年代之中不忘战争历史（图1-7、图1-8）。

（二）时代性

文物衍生品虽以文物为本源而设计开发，但其根本目的是面向现代人，并以现代产品的形式传递文物知识和历史精神的。因此，时代性是文物衍生品设计与开发的基本属性和重要特征。

文物衍生品的时代性体现在两个方面，一方面是形式的时代性，文物衍生品

图1-7 昆仑关战役插画 周帅文创设计团队

图1-8 昆仑关战役魔方 周帅文创设计团队

的设计要符合现代人的生活方式，形式泥古不化的衍生品往往不能与现代生活环境相融，缺乏现代生活价值的衍生品也往往不能被消费者长久留存。另一方面是内容的时代性，文物内容的植入要符合意识形态和现代语境，传递积极向上而不失趣味的信息。如故宫博物院以雍正皇帝御批奏折中的书法文字为元素设计开发了"御批系列书签",在其现代简约的金属书签上刻制着"莫移初心""凡事勤问多学""他人是倚仗不得的"等雍正墨迹,在传递雍正皇帝勤政有为的同时,还原了帝王有情、有趣的真实形象,更为使用者带来了温情有趣的积极引导(图1-9)。

图1-9 御批系列书签 故宫文创

【第四节】 文物衍生品设计的相关政策

自2014年以来,国家和有关部门就相继出台了一系列的政策性文件来助推文物资源的挖掘应用和创新开发,旨在"让文物活起来",并使之成为广大人民群众感悟中华文化、增强文化自信的重要载体。

2014年3月,国务院发布《国务院关于推进文化创意和设计服务与相关产业融合发展的若干意见》,战略性地将文化创意产业和设计服务进行融合发展,要求："依托丰厚文化资源，丰富创意和设计内涵，拓展物质和非物质文化遗产传承利用途径，促进文化遗产资源在与产业和市场的结合中实现传承和可持续发展。加强科技与文化的结合，促进创意和设计产品服务的生产、交易和成果转化，创造具有中国特色的现代新产品，实现文化价值与实用价值的有机统一。"

《博物馆条例》作为全国文博行业的纲领性指导文件，在其第三十四条明确指出："国家鼓励博物馆挖掘藏品内涵，与文化创意、旅游等产业相结合，开发衍生产品，增强博物馆发展能力。"

2016年3月，国务院发布《国务院关于进一步加强文物工作的指导意见》指出："加强文物保护，让收藏在博物馆里的文物、陈列在广阔大地上的遗产、书写在古籍里的文字都活起来，对于传承中华优秀传统文化、满足人民群众精神文化需求、提升国民素质、增强民族凝聚力、展示文明大国形象、促进经济社会发展具有十分重要的意义。"要求："深入挖掘文物资源的价值内涵和文化元素，更加注重实用性，更多体现生活气息，延伸文博衍生产品链条，进一步拓展产业发展空间，进一步调动博物馆利用馆藏资源开发创意产品的积极性，扩大引导文化消费，培育新型文化业态……实施'互联网+中华文明'行动计划，支持和引导企事业单位通过市场方式让文物活起来，丰富人民群众尤其是广大青少年的精神文化生活。"

2016年5月，《国务院办公厅转发文化部等部门关于推动文化文物单位文化创意产品开发若干意见的通知》提出："充分调动文化文物单位积极性；发挥各类市场主体作用；加强文化资源梳理与共享；提升文化创意产品开发水平；完善文化创意产品营销体系；加强文化创意品牌建设和保护；促进文化创意产品开发的跨界融合。"对深入发掘文化文物单位馆藏文化资源，发展文化创意产业，开发文物衍生品具有强大的推动力量。

2016年10月，国家文物局印发《关于促进文物合理利用的若干意见》，提出了通过扩大文物资源社会开放度、促进馆际交流提高藏品利用率、加强革命文物展示利用、创新利用方式，落实文化创意产品开发政策、鼓励社会力量参与等举措，来切实让文物活起来。

2017年2月，《国家文物事业发展"十三五"规划》出台，要求"打造一批具有示范带动作用的文化创意产品开发项目和优秀企业"，同时国家艺术基金也在《国家艺术基金"十三五"时期资助规划》中发声，要通过艺术人才培养项目来重点资助文化创意产品设计人才。

2018年7月，中共中央办公厅、国务院办公厅印发《关于实施革命文物保护利用工程（2018—2022年）的意见》。文件提出包括"拓展革命文物利用途径"的五项主要任务，明确要求"让革命文物活起来，把革命文物利用好、革命传统弘扬好、革命文化传承好"，并坚持创造性转化、创新性发展。此举有效推动了红色文物、革命文物衍生品的发展。

2018年10月，《关于加强文物保护利用改革的若干意见》发布，这是全面加强新时代文物保护利用改革的纲领性文件，文件明确要求"实施革命文物保护利用工程，保护好革命文物，传承好红色基因"。

2019年5月，由国家文物局编制的《博物馆馆藏资源著作权、商标权和品牌授权操作指引》正式发布，该项操作指引旨在促进博物馆、文化遗产单位有序开放文物资源信息，促进社会各界合理利用文物资源。

2020年10月，《文化和旅游部 国家发展改革委 财政部关于开展文化和旅游消费试点示范工作的通知》决定启动第一批国家文化和旅游消费试点城市（以下简称"试点城市"）、国家文化和旅游消费示范城市（以下简称"示范城市"）申报评选工作，要求打造具有文化和旅游特色的高品位步行街，建设集合文创商店、小剧场、文化娱乐场所等多种业态的消费集聚地。此举进一步发展了文物衍生品的产业生态，也拓宽了文物衍生品消费市场，使游客有更多的机会接触文物衍生品。

2021年文化和旅游部、中央宣传部、国家发展改革委、财政部、人力资源社会保障部、市场监管总局、国家文物局、国家知识产权局联合印发《关于进一步推动文化文物单位文化创意产品开发的若干措施》，从把握正确导向、推进先行先试、健全收入分配机制、用好税收优惠政策、增强文化创意产品开发主体活力、提升知识产权评估管理水平六个维度，对文物衍生品的设计与开发提出要求和相应的工作措施，对进一步推动文化文物单位文化创意产品开发具有十分重要的意义。

2021年11月，国务院办公厅印发的《"十四五"文物保护和科技创新规划》明确将"大力推进让文物活起来"列为未来五年的重要工作之一，要求"坚持创造性转化、创新性发展，深入挖掘、广泛传播文物蕴含的文化精髓和时代价值，创新文物合理利用方式，塑造全民族历史认知，推动文物保护利用工作全面融入经济社会发展"，重点围绕"依托文物资源推进中华文明标识体系建设，强化公共文化服务功能，加强文物价值阐释传播，积极引导社会力量参与，深化文物保护利用改革，促进区域协调发展"开展工作。

2022年7月，全国文物工作会议在北京召开，会议上提出了新时代文物工作方针，即"保护第一、加强管理、挖掘价值、有效利用、让文物活起来"，进一步突出了文物工作的重要社会价值，为做好新形势下的文物工作指明方向。

在政策的驱动下，越来越多的文博展览馆将文物衍生品开发作为主业之外的重要业务进行拓展，越来越多的文物衍生品上架线上商城和线下体验店，越来越多的高校、职业院校、技工院校开设文物衍生品设计的相关专业，越来越多媒体以不同的形式宣传推广着文物衍生品，越来越多的消费者以文物衍生品作为雅致生活的必需品和亲友馈赠的伴手礼……这一切共同促进着文物衍生品产业的欣欣向荣和文博行业的可持续发展。依据清华大学文化经济研究院和天猫新文创联合发布的《2019博物馆文创产品市场数据报告》及《博物馆文创市场趋势洞察》，截止到2019年6月，全球共有20余家文博展馆在阿里巴巴电商平台开设店铺进行包含文物衍生品在内的文创产品售卖，并累积了超千万的粉丝。其中仅中国国家博物馆、故宫博物院、敦煌研究院、苏州博物馆及陕西历史博物馆的上架产品就高达1442套（件），而文物衍生品就占据了半壁江山。

第二章 【文物衍生品设计的类型】

概述

文物衍生品设计的类型划分较为多元，或以文物衍生品材料工艺进行划分，分为陶瓷与金属类、布艺与竹木类、塑料与玻璃类、泥塑与皮革类；或以文物衍生品的市场需求进行划分，分为消费型、保存型、馈赠型；或以文物衍生品的应用领域进行划分，分为衣、食、住、行、文、娱六类。

本章将以 2015 年国际设计组织 WDO（World Design Organization）发布的工业设计的最新定义为依据，按照产品设计的呈现形式对文物衍生品设计进行划分，具体可分为平面类文物衍生品设计、产品类文物衍生品设计和体验类文物衍生品设计。同时，每一类的文物衍生品设计又根据产品使用的目的和达到的效果进行更为细致的划分。平面类文物衍生品设计细分为装饰型文物衍生品设计、故事型文物衍生品设计和平面类纪念型文物衍生品设计；产品类文物衍生品设计细分为再现型文物衍生品设计、宣教型文物衍生品设计和实用型文物衍生品设计；体验类文物衍生品设计细分为探索型文物衍生品设计、娱乐型文物衍生品设计和品味型文物衍生品设计。

【 第一节 】 平面类文物衍生品设计

　　平面类文物衍生品设计是以文物元素、文物背景、文物内涵和文物价值为主要来源，通过深入细致地调研并按照现代设计的创新方法和手段，进行以平面为呈现形式的二次创作，并恰如其分地应用在各种产品媒介上，形成相得益彰的效果，进而起到装饰美化、图绎故事、文化纪念的作用。

　　因此，可以把平面类文物衍生品设计细分为装饰型、故事型和纪念型三类。

一、装饰型文物衍生品设计

　　中国各个时期的文物都不同程度地承载了图画、图案、文字以及器物的器形、色泽、自然纹理等元素。如半坡彩陶上神秘有趣的人面鱼纹；青铜重器上狰狞威严的饕餮纹；传世书画里斑驳沧桑的笔墨印迹；青花瓷瓶上恢宏升腾的云龙纹；汝窑雅器中风华依旧的"雨过天青"色；哥窑纹片间如冰破裂的金丝铁线……这些图像化的元素大部分都具有美好的寓意，或崇敬天地，或吉祥如意，或葳蕤繁祉，或文气致雅，或道法自然，或诗情画意，表达着千百年来人类对美好生活的向往，承载了气韵深厚的华夏文明。

装饰型文物衍生品设计就是选取寓意美好、装饰感强的文物元素直接性、间接性或开发性地应用在产品上，使产品因文物元素的融入而具有文化气质、历史气质，增加了产品品质，进而在产品使用过程中增加了受众的文化视觉感受和文化综合体验。同时，文物元素因现代设计手段而得到发展，增加了现代色彩，形成了历史感与现代感的交融，进而扩大了文物衍生品的受众范围，提升文物的影响力度，促使更多的社会群体去了解文物、接触文物、感受文物。

（一）文物元素的直接性应用

所谓文物元素的直接性应用并不是元素简单随意地粘贴，而是根据产品的属性和风格选择具有相同气质的文物元素，并按照现代产品设计的装饰手段和装饰方法以及现代人的审美方式和生活格调进行合理地装饰布局、调和搭配等。能够直接性应用的文物元素多集中于书画文物之中。原因在于书画文物通常具备元素内容的广泛性和生动性，元素气质的文雅性和艺术性，元素内涵的思想性和深远性以及元素应用的直接性和有效性。

《秋花四首图轴》（图2-1）是北京故宫博物院的重要藏品之一，为清代文华殿大学士、书画家董诰所作。此画有白瓣黄蕊采撷于篮中，点点蓝花并开于瓶上，更有娇艳野花

图2-1 秋花四首图轴 北京故宫博物院藏

绽放于旁，形成一片繁花锦绣而不失清雅的清供小景，体现出古人赏玩秋花的雅致情怀。故宫博物院以《秋花四首图轴》的清雅秋花作为元素应用在"故宫彩妆盘"（图2-2）上，以清雅绰约的秋花比拟楚楚动人的清纯少女，展现出艳而不俗、娇而不媚的美感。令化妆者感受文化的魅力，历史的韵味和艺术的体验。同时，故宫彩妆盘采用3D立体打印工艺进行外壳的生产制作，在清雅之中注入了精致之感，更加符合当代都市女性的品位和追求。

《明刻套色西厢记图册》是明崇祯十三年由吴兴闵寓五氏主持刊印，现藏于德国科隆东方艺术博物馆（图2-3），1997年朵云轩以木版水印传统技艺重新将其付梓，使其风采再现。图册设色古朴典雅，构图精致巧妙，人物惟妙惟肖，通过"以图绎戏"的方式表达《西厢记》"拂墙花影动，疑是玉人来"的美好意境。《明刻套色西厢记图册》当中的每一幅画作都是"一画一景，一事一情"，皆可作为重要的装饰元素进行文物衍生品的开发。苏州博物馆联合朵云轩以图册为蓝本，选取其中的"合欢佳偶""妆台窥简"两个主题的画作为元素应用在产品之上，设计开发出"《西厢记》系列丝绸鼠标垫"（图2-4）。鼠标垫以仿真丝、麂皮绒为材料，可以很好地还原原作典雅的色泽。同时，在其包装设计上也应用了图册中的"双连环"构图形式，在表现创作来源的同时形成了兼具形式感和现代感的独特风貌。

图2-2　故宫彩妆盘　故宫文创

图2-3　《明刻套色西厢记图册》中的插图
德国科隆东方艺术博物馆藏

图2-4　《西厢记》系列丝绸鼠标垫

（二）文物元素的间接性应用

所谓文物元素的间接性应用就是按照平面构成、色彩构成法则，进行形式上的重复、渐变、近似、放射、密集、特异和色彩节奏、韵律上的渐变、突变、对比、衬托等二次组织和创新，使文物元素具有现代气质并应用在现代产品之上。

故宫是中国明清两代的皇家宫殿，是世界上现存规模最大、保存最为完整的木质结构古建筑群之一，1961年被列为第一批全国重点文物保护单位。故宫以三大殿（太和殿、中和殿、保和殿）为中心，共有宫殿七十多座，房屋九千余间。每一处楼阁台榭无不凝结着中华民族的文明智慧，每一处亭轩门阙无不绽放着中华民族的深厚美学。斗拱作为中国古典建筑的重要组成部分被广泛用于宫殿建筑，其中就包括太和殿。太和殿斗拱种类繁多，构造复杂，包含了鎏金斗拱、单翘重昂七踩鎏金斗拱、单翘三昂九踩鎏金斗拱、三滴水品字斗拱和隔架斗拱。每一种斗拱都有其独特的形态，通过榫卯结合的方式形成殿宇之上的纵横乾坤，构成了独具中国特色的视觉美感和形式语言。为此，故宫博物院以小而见大的方式，以太和殿斗拱交错辉映的视角作为设计来源，应用现代设计构成的方法，通过点线面的重新组织，形成了扁平化的装饰图案，并按照对角式的构图版式应用在办公套装之上，使其兼具历史感和现代感（图2-5）。

此外，故宫殿宇的雕梁画栋、藻井花窗、脊兽匾额等装饰结构在体现皇家威严与繁华的同时也显现出强烈的营造之美，是古代宫殿建筑的重要元素和重要标签。故宫博物院设计开发的"紫禁营造小方巾"（图2-6、图2-7）就是以故宫的装饰结构作为设计来源，通过平面化的手段，按照解构和重构的方式将元素打散重组，并赋

图2-5　故宫建筑风格办公套装　故宫文创

图2-6　紫禁营造小方巾　故宫文创

图2-7　紫禁营造小方巾佩戴效果　故宫文创

予其动感明艳的色彩，形成了极具层次感、现代感、冲击感和装饰感的视觉效果。

（三）文物元素的开发性应用

所谓文物元素的开发性应用，其实就是将有价值、有特色的文物元素作为文物IP的来源，在保留文物本身的文化内涵和历史价值的前提下，将特征放大化、特色鲜明化，进行文物元素和内容的再创造，设计出具有典型性、特色性、趣味性、审美性、延展性的文物IP形象，并以此为原点，围绕衣、食、住、行、文、娱六个维度衍生出一系列的文物衍生品。形成依托文物，源于历史，用于当下且面向未来的主题性文物衍生品生态系统。

陕西历史博物馆是中国第一座大型现代化国家级的综合性历史类博物馆，馆藏的170余万件（组）文物（藏品），上起远古简单的石器，下至当代社会生活的各类见证物，时间跨度长达一百多万年，不仅数量多、种类全，而且品位高、价值广。在众多的藏品中，以展现多彩生活且姿态各异的历代陶俑最具特色。其中就包含唐粉彩仕女俑。

唐粉彩仕女俑堪称唐代陶俑的"盛世佳丽"，其高髻如云，蛾眉翩翩，面如满月，体态丰润，宽衣长裙，风姿绰约，展现出唐朝的繁华兴盛、开放包容和唐朝的仕女魅力、女性光辉，为世人所喜好，并成为陕西历史博物馆的代表性藏品和重要标签。为此，陕西历史博物馆形象以唐粉彩仕女俑为原型，结合唐代章怀太子墓壁画《观鸟捕蝉图》及唐代周昉所绘制的粗绢本设色画《簪花仕女图》当中的仕女形象，以唐代仕女所特有的妆容，打造出体态丰腴可掬，神态呆萌可爱，表情丰富生动，动作自然有趣的"唐妞"IP形象，形成了陕西历史博物馆的"形象代言人"。

围绕"唐妞"IP形象，衍生开发出一系列的产品，包括"唐妞手办小摆件"（图2-8）、"唐妞隔热茶垫""唐妞卡通创意行李牌""唐妞冰箱贴磁性贴"等。其中尤以"唐妞系列钥匙扣"最为有趣，其以妆容发型、服饰动态各异的五种"唐妞"形象融合了平安、姻缘、招财等美好寓意，以亲近、美好、有趣的方式拉近文物、文物衍生品与社会大

图2-8 "唐妞"系列文创产品

众之间的距离。同时利用"唐妞"形象还出版了《唐妞驾到：一本书读懂唐文化》《就喜欢和唐妞读唐诗》等图书（图2-9）。此外，也在新媒体上进行了唐妞形象的深度融合创作《唐妞说长安》《唐妞说丝路日记》《唐妞说百家唐诗》《唐妞说二十四节气》等系列漫画，受到大众关注，并在各个平台广泛传播。

图2-9 "唐妞"系列图书插画
《就喜欢和唐妞读唐诗》江苏凤凰文艺出版社2021

二、故事型文物衍生品设计

文物是人类文化和历史的见证，揭示着我们从混沌初开走向文明时代的每一处足迹，展示出我们每一个历史时期和社会阶段的生产生活，也串联着一些人，承载着一些事，凝结着一些情。因此，文物本身就具有故事性。一方面是文物记述了故事，即以文物作为载体以文字、图画、图案或符号的形式进行历史故事、日常琐事、神话传说、文学故事的记述。如天下第一行书《兰亭序》记录了永和九年兰亭雅集的盛况（图2-10）；唐朝画家阎立本的传世名作《职贡图》记录了"万国来朝、百蛮朝贡"的情景（图2-11）；清代粉彩《西厢记》人物故事图攒盘，由九件小碗瓷器组成，分别以粉彩描绘了《孙飞虎围寺索莺莺》《惠明报信》《白马解围》《乘夜逾墙》《月下佳期》《堂前巧辨》《送别长亭》《草桥惊梦》《衣锦还乡》共九幅不同的人物故事图案（图2-12）。另一方面是文物蕴藏着故事，即文物背景中所蕴含的人物、民族、社会、历史、文化之间的记忆。如西汉江都王妃淳于婴儿的"长毋相忘"铭合符银带钩将"长毋相忘"将相思之情隐藏在银带之间，低声浅语地述说着纯真的爱情故事（图2-13）。再如昭陵六骏，虽以石屏雕刻的方式记录了六匹战马——白蹄乌、特勒骠、飒露紫、青骓、什伐赤、拳毛騧，但却隐含着浅水塬之战、雀鼠谷之战、邙山之战、虎牢关之战、洺水之战的历史事件，也记录着唐太宗李世民的丰功伟绩（图2-14）。再一方面是文物反映了故事，即文物作为古代造物技艺的物质存在，体现出传统技艺的工艺流程，工艺的演化发展等。如古代陶瓷工艺、金属工艺的发展变迁以及技艺背后的一系列

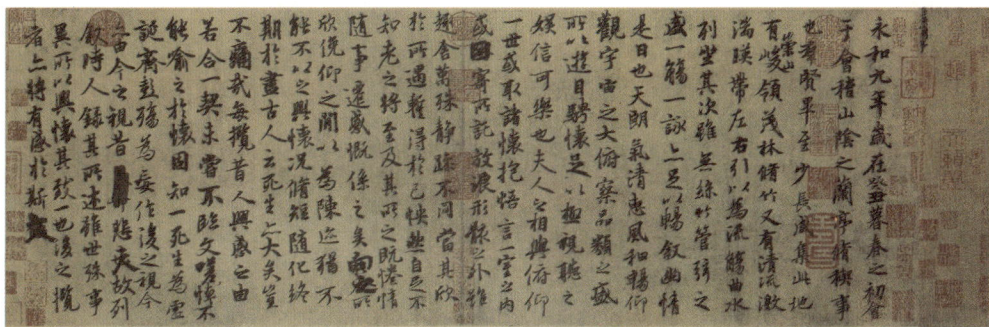

图2-10　兰亭序（冯承素摹本）　北京故宫博物院藏

图2-11　职贡图（局部）　阎立本　中国国家博物馆藏

图2-12　清代粉彩《西厢记》人物故事图攒盘
之孙飞虎围寺索莺莺盘
玉林市博物馆藏

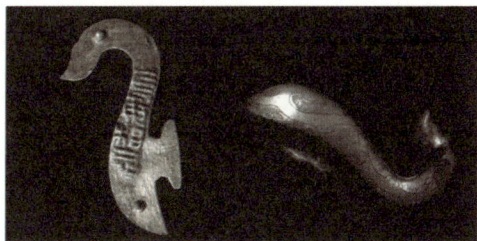

图2-13　"长毋相忘"铭合符银带钩
南京博物院藏

匠心、匠艺和匠事。

　　故事型文物衍生品设计是以文物所记述、蕴含和反映的历史故事、日常琐事、神话传说、文学故事、名人故事、技艺流程、工艺演进等为素材，选择符合社会主义核心价值观的内容，结合相应文物元素，应用现代设计语言和现代技术手段，以一种喜

图2-14　唐昭陵六骏石刻之飒露紫
美国宾夕法尼亚大学博物馆藏

闻乐见、合乎逻辑、线性阐述的方式呈现在产品上，借此呈现出相应的文化内涵。具体平面类故事型文物衍生品设计分为两类——直接叙述式、演绎叙述式。

（一）直接叙述式

直接叙述式的平面类故事型文物衍生品往往设计的成分相对较低，通常是以故事性强的书画、陶瓷、壁画等文物本身的叙述性元素进行图案化的直接性应用，辅以一定的图形图像处理技术和现代喷绘印制加工技术，形成色、形相对和谐，故事叙述完整的产品。

敦煌壁画是我国最为重要的文化遗产之一，是我国历史上绘画艺术的璀璨明珠，具有强烈的民族风格和中国气派，是中国佛教艺术的重要体现。其存在于敦煌莫高窟、西千佛洞、安西榆林窟等522个石窟壁上，以劲细之线条、明快之色彩、夸张之形态、丰富之神采而绘佛像、经变、人像、山水、故事等。其中故事画包括佛传故事画、本生故事画、因缘故事画、佛教历史故事画、比喻故事画、唐玄奘取经故事画等。在众多的本生故事画中，以《九色鹿经图》最为著名（图2-15）。该壁画记录了"九色鹿舍己救人"的故事，线条流畅灵动，视觉冲击力强。为展现敦煌壁画艺术魅力和东方之美，刘昕羽、孔令志设计了"敦煌鹿灵"文创丝巾，以丝绸承载九色鹿经图，并配以不同色彩，达成文物故事流传、文物图案装饰和文物文化传播的三重作用（图2-16）。

（二）演绎叙述式

演绎叙述式的平面类故事型文物衍生品是依托于文物本身的故事性，在其基本的故事结构下，依据文物故事性元素的特点，用更加贴近于现代生活的设计语

图2-15　九色鹿经图　敦煌莫高窟257号洞窟西壁中部

图2-16 "敦煌鹿灵"文创丝巾 刘昕羽、孔令志

言重新承载其文物特征，并以亲和有趣的方式进行文物故事的演绎。

《韩熙载夜宴图》为南唐画家顾闳中所作，其以绢为本，描绘了韩熙载家设夜宴的过程场面。画卷以屏风为间隔而分五段，从琵琶独奏、六幺独舞到宴间小憩、管乐合奏再到宾客酬应，形成了以图叙事的观赏趣味和构图精巧、刻画入神艺术价值（图2-17）。

周帅文创设计团队以《韩熙载夜宴图》为设计主题，进行演绎叙述式的平面类故事型文物衍生品设计开发。在保持原作格局和特征的基础上，以Q版人物形象重新演绎夜宴过程。在赋予文物诙谐有趣意味的同时，拉近文物与观者之间的距离。同时，围绕Q版《韩熙载夜宴图》而衍化出的一系列产品，无不成为夜宴故事的全新诉说者和演绎者，如主题便签纸、鼠标垫、手机壳、纸胶带等都吸引着更多的青少年、儿童以轻松主动的方式去接触文物、了解文物，感受文物（图2-18～图2-21）。

图2-17 韩熙载夜宴图（局部） 北京故宫博物院藏

图2-18　Q版《韩熙载夜宴图》　周帅文创设计团队

图2-19　Q版《韩熙载夜宴图》文创鼠标垫　周帅文创设计团队

图2-20　Q版《韩熙载夜宴图》文创胶带　周帅文创设计团队

图2-21　Q版《韩熙载夜宴图》文创便签　周帅文创设计团队

三、纪念型文物衍生品设计

文物除了具有文化价值、历史价值之外，更具有纪念价值。

一者，文物的纪念价值主要来源于文物本身所承载的历史记忆、文化精神。尤其是从中国共产党成立至中华人民共和国成立的历史阶段内的红色文化遗产（包含红色文物），不仅承载了中国共产党带领中国人民所取得的丰功伟业，更体现了革命烈士百折不挠的红色精神，具有重要的纪念意义和深刻的教育意义，其中包括中央革命根据地，红军长征、抗日战争、解放战争时期的重要革命纪念地、纪念馆、纪念物。例如，"中共一大"会址、延安革命纪念馆，以及再现红军长征峥嵘岁月的各类物件，如马灯、草鞋、带有枪眼的行军锅等。

因此，纪念型文物衍生品设计主要是围绕红色文物、革命文物等具有重大纪念意义的文物，依托真实的历史背景，应用庄重、和谐和具有中国气质的设计语言，按照社会主义核心价值观来指导产品创意设计，进而以文创的形式表达红色文化和革命精神，起到"纪念红色历史，弘扬红色精神"的作用，时刻提醒我们每一位中华儿女铭记历史，擘画新篇。

二者，文物的纪念价值也部分来源于文物本身的符号内涵和形制内涵，文物所蕴含的特定寓意是纪念型文物衍生品设计开发的重要素材。珐琅彩缠莲纹双连瓶为北京故宫博物院所藏文物，是清代乾隆年间的宫廷御用瓷器，其瓶体为双身连体式，洗口而束颈，溜肩而鼓腹，左右两体色彩交错，饰有黄、白、绿、红等折枝花纹样，具有和合交融的美好寓意（图2-22）。设计师耿少博取珐琅彩缠莲纹双连瓶的和合之意，并以之为设计元素开发了"和合天下"纪念礼品，体现出我国"和而不同，美美与共"的大国气象（图2-23）。

图2-22　清乾隆珐琅彩缠莲纹双连瓶
北京故宫博物院藏

玉

锻铜浮雕
（清明时期经典建筑）

黑檀木

锻铜浮雕
（海水江崖纹）

陶瓷（藏品）

锻铜浮雕
（现代经典建筑）

刺绣（藻井纹样）

锻铜浮雕（角楼）

规格：
25cm×25cm

创意阐释：
作品整体轮廓形似"合"字，造型外方内圆，既有天地四方之意，又蕴含古人天圆地方的思想。正上方以翡翠点睛，正下方的角楼蕴含守护之意。上下配以海水江崖纹样及藻井纹样，寓意吉祥如意。左右配以古今建筑对比，体现中华人民共和国成立70周年的社会化进程。中央以浮雕的形式镶嵌双连瓶，象征家和国、古和今、新和旧，亦有合作共赢，和合美好之意。

图2-23　"和合天下"纪念礼品　耿少博

【 第二节 】 产品类文物衍生品设计

产品类文物衍生品设计是以文物为中心，挖掘文物本身的元素、器形和文物背景、内涵，选择具有开发价值的"设计点"进行产品化开发，或选择合适的产品形式来承载文物内涵，在满足产品设计本身的功能属性、审美属性外，赋予产品更多的文化体验感、历史体验感。用户能够在产品的使用与互动过程中，感受到文物的历史文化魅力和乐趣。具体而言，根据产品使用目的不同，可将产品类文物衍生品设计细化为再现型、宣教型、实用型三类。

一、再现型文物衍生品设计

在我国众多的文物当中，有相当体量的文物是各个历史时期的能工巧匠和艺术大家制作或创作出来的，反映了当时的制作工艺、艺术水准、美学特征和审美情趣，具有高超的艺术价值，无论是《千里江山图》的雍容宏伟，还是青瓷提梁倒灌壶的巧妙绝伦，抑或是葡萄花鸟纹香囊的精巧典雅都堪称艺术经典，无不给人以美的感受。它们为历代大家心摹手追，心驰神往；它们为历代藏家奉之高阁，欣赏把玩；它们亦为数代人赓续传承，奉为国宝。

再现型文物衍生品多以我国文物中的艺术经典为设计开发的重要来源，将文物最为精华的内容、元素以现代文创产品的形式体现出来，让传世名作通过形形色色的产品进入寻常百姓家庭，起到家居陈设、家居装饰、艺术品鉴的作用，满足人民日益增长的文化生活需求。具体来看，再现型文物衍生品设计可按照受众的喜好，划分为复制开发式和创新开发式。

（一）复制开发式

复制开发式的再现型文物衍生品，其设计成分相对较低，往往完全依托于文物本身做不同程度的复制衍生品开发和复制艺术品开发。

复制衍生品开发多以文物原貌为基础形式，将其开发成为"形制相同但装饰功能不同、装饰体验不同"的产品，此类产品通常在兼具文物特征的同时给人以意想不到的趣味。洒蓝釉石榴尊（图2-24）、绿釉瓜棱橄榄尊（图2-25）、郎窑红釉瓶（图2-26）、豇豆红釉螭纹太白尊（图2-27）皆为苏州博物馆所藏的清代康熙、雍正年间的瓷器佳品，其形制各异，釉色动人，堪称"陶冶之珍"而广受参观者喜爱。为此，官方另辟蹊径，以此四件瓷器为原型，以树脂为材料，以3D打印为工艺，设计开发出一套小巧可爱的迷你花器和冰箱贴，打造文物所衍生的家居文玩精品，装饰家居生活，文化日用生活，增添静室雅气（图2-28）。

复制艺术品开发依据文物全貌或选取文物部分元素进行复制，在表现形式和外观上力求与文物真品保持一致，一般高端复制品则会在加工工艺和材质类别上贴合文物真品，努力做到"文质合一"。图2-29为战国至西汉时期金银器，为古代匈奴首领帽上的金属冠饰，其形象由羊身、鹰嘴、鹿角、蝎尾组成，故称之"金怪兽"，其身铸鬃纹、棱纹、祥云纹，有祥和福禄的美好寓意，是陕西省历史博物馆的馆藏精品之一。以文物金怪兽进行复制开发的家居陈设礼品是以纯铜精工雕铸而成，并通体镀金，配以水晶台座，以高度还原的形象重现了"内敛俊俏、灵动凝神"的文物气韵，表现出文物的新生之美，成为民间珍藏的佳品（图2-30）。

图2-24　洒蓝釉石榴尊
苏州博物馆藏

图2-25　绿釉瓜棱橄榄尊
苏州博物馆藏

图 2-26　郎窑红釉瓶
苏州博物馆藏

图 2-27　豇豆红釉螭纹太白尊
苏州博物馆藏

图 2-28 "陶冶之珍" 文创冰箱贴　苏州博物馆文创

图2-29　金怪兽　陕西历史博物馆

图2-30　金怪兽艺术复制品
陕西历史博物馆文创

　　此外，也有采用现代新型材料、金属或贵金属为材料进行文物复制品开发的案例，在形式表现上各有侧重，往往传递出区别于原作的气质。《五牛图》为唐朝画家韩滉所作，是北京故宫博物院的珍藏文物之一。该作绘制了五头形、神、态各异的牛，描绘生动，筋骨到位，将牛温顺而倔强的神情展现得活灵活现（图2-31）。"铜师傅"品牌依托《五牛图》为原型开发了《五牛福临门》的家居装饰工艺摆件。该作品通过设计、雕蜡、翻模、粘浆、浇铸、表面处理、彩绘、热着色等手段将二维的"五牛之像"转换为三维的"五牛之体"，在与原画保持神形一致、古朴相当的前提下，更多维度地展现了五牛的壮硕体态和凛凛威风，成为富有文化气息、艺术气息的家居陈设精品，给人带来悠远的意味感受（图2-32）。

图2-31　五牛图（局部）北京故宫博物院藏

图2-32　五牛福临门　铜师傅品牌文创

（二）创新开发式

创新开发式的再现型文物衍生品，其设计成分相对较高，是以文物为中心，按照现代家居特点和现代审美特点进行的创意开发。此类再现型文物衍生产品多采用普通材料，应用现代工艺加工而成，因此价格较为亲民。又因其形式新颖，兼具功能性，进而受到社会大众的广泛欢迎。

《千里江山图》是北宋徽宗年间由画家王希孟所作的绢本设色青绿山水画，现藏于北京故宫博物院。此画以长卷的形式描摹庐山之层峦叠嶂、鄱阳湖之烟波浩渺，画中藏茅舍草屋、渔村野市于山中，含水榭长桥、游船飞鸟于水间，宏大博远而精细入微，严谨求实而生机盎然，金碧辉煌而雅气十足，被誉为"中国十大传世名画之一"（图2-33）。以《千里江山图》为主题创新开发的装饰性文物衍生品众多，其中以故宫文创"千里江山便签纸砖"最为经典，其在层层叠叠的便签砖四壁上印着远近高低各不同的千里山峦，"四壁"共同组成了千里江山的连绵画意，成为桌案一角的靓丽景致，令人心旷神怡（图2-34）。

《桃花图》是清代画家邹一桂所作，画中桃花斜入，月季相衬，淡雅清丽，融花之娇媚、叶之柔美于一体，充分体现出春回大地、桃花含烟的光景和诗意（图2-35）。中国历来将桃花比喻为曼妙女子，素有"桃之夭夭，灼灼其华"之歌咏。北京故宫博物院以《桃花图》为设计之源，开发了"映桃花"首饰套装。套装含耳钉、项链各一，皆以画中桃花为形，以纯银为质，镀玫瑰金色，嵌天然白贝，寓传统文化于时尚设计之中，呈现出"春风十里，桃花灼灼"的美好韵味（图2-36）。

图2-33　千里江山图（局部）　北京故宫博物院藏

图2-34　千里江山便签纸砖　故宫文创

图2-35　桃花图
北京故宫博物院藏

图2-36　"映桃花"首饰　故宫文创

二、宣教型文物衍生品设计

古语云："以史为鉴，可以知兴替。"文物作为历史的遗存，在其记录历史的同时，也具有教化育人、感化于人、警示醒人的作用。一方面，"文物是不同时期历史发展的见证，具有辅助历史研究、传承民族文化的重要作用"[1]，故其具有历史文化教育价值。如1843年在我国陕西省宝鸡市岐山县出土的毛公鼎，鼎上铭文约五百字，结字瘦劲修长，笔法圆润精严，线条浑凝拙朴，章法疏朗有致，被誉为西周晚期金文之典范，是研究中国汉字演变的重要文物。铭文记录了周宣王饬毛公勤公无私，颁赠命服厚赐，毛公铸鼎以训示后人，起到警示教育作用，也是研究西周晚期政治的重要史料（图2-37）。另一方面，"文物是历史的沉淀，是民族精神的载体，每一件文物都融有民族心，铸有民族魂"[2]，故其具有情感教育价值。如"天下第二行书"《祭侄赠赞善大夫季明文》（简称《祭侄文稿》），不仅记录了颜杲卿父子在安史之乱中舍生取义的历史事件，更记录了颜氏一门的家国情怀和民族情结（图2-38）。

[1] 符倩倩.博物馆文物介绍的教育价值分析［J］.文物鉴定与鉴赏，2020（13）：61.
[2] 同[1].

宣教型文物衍生品设计是以文物为中心，挖掘具有历史文化教育价值和情感教育价值的元素或背景，并按照现代创新手段和方法将教育内容以更加直接明了、寓教于乐的形式融入现代产品之中，从而达成潜移默化的育人作用。

《海错图》是清代康熙年间的画家聂璜所绘的生物图谱（图2-39）。图谱笔触细腻，设色艳丽，以严谨细致的手法和图文并茂的方式描绘了作者在中国沿海地区亲眼所见、亲耳所闻的300多种生物和海滨植物，被誉为"古代的海洋生物图鉴"。这些生物或小巧玲珑，或威风凛凛，或凶猛可怖，或神秘奇特……同时，每一种生物都有相应的文

图2-37　毛公鼎　台北故宫博物院藏

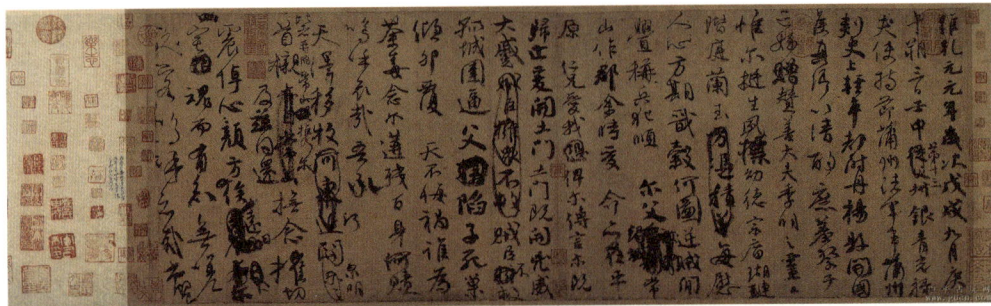

图2-38　祭侄赠赞善大夫季明文　台北故宫博物院藏

图2-39　海错图（局部）北京故宫博物院藏

字记录，将观察内容、考证资料、个人心得进行了详尽的表述。《海错图》共有四册，前三册现藏于北京故宫博物院，第四册现藏于台北故宫博物院。北京故宫博物院以《海错图》中的"四腮鲶鱼"（图2-40）、"刺鲇""红鱼"为原型，以车缝、电绣、胶印等现代工艺开发出憨态可掬的"《海错图》U型枕"。在给人以充满乐趣的使用体验同时，赋予了产品吉庆有余的美好寓意，也很好地激发起人们阅读、了解《海错图》的兴趣和研究海洋生物的乐趣，具有一定的教育意义（图2-41）。

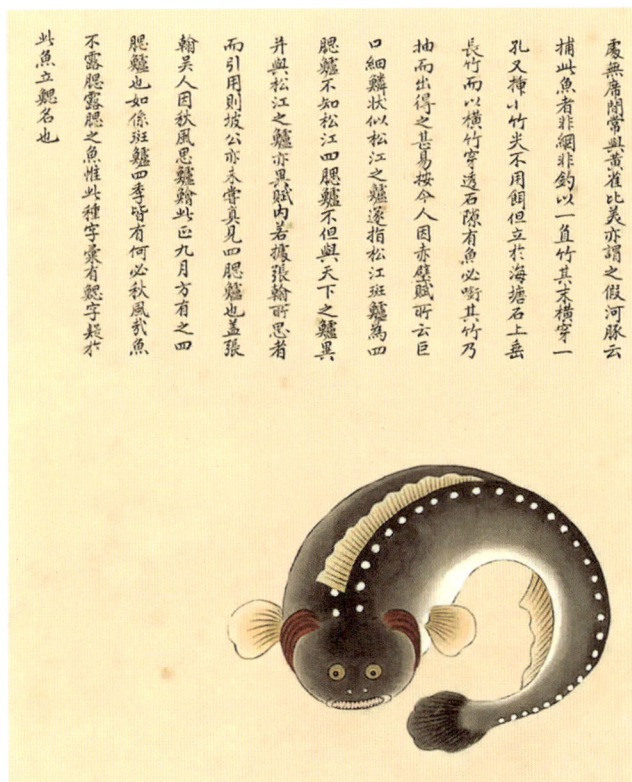

图2-40　海错图之四腮鲶鱼　北京故宫博物院藏

图2-41　《海错图》U型枕　故宫文创

此外，"故宫日历"也是历史文化维度的产品类宣教型文物衍生品设计的典型代表。其以日历产品作为载体，创新性地将文物知识、历史文化、节气文化、民俗文化、价值观念等以润物无声的方式融合到人们每一天的生活中，使用者每翻过一页日历都会或多或少地感受到文物的魅力，获取到相关的知识，达到间接育人的作用（图2-42）。尤其是随着数字技术的发展，"AR+故宫日历"也带来全新的产品使用体验，借助科技手段，用户可以通过手机"扫图"的方式进行文物360°的欣赏品鉴与互动体验，在"大饱眼福"的同时让人们获得更为真切的文物知识（图2-43）。

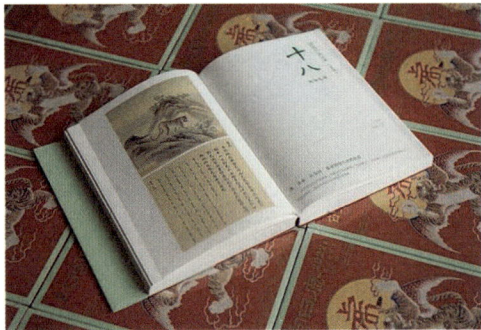

图2-42　故宫日历　故宫出版社

图2-43　AR+故宫日历图　故宫出版社

情感维度的宣教型文物衍生品设计多选择最有精神价值的元素或形象进行产品化开发，并通过产品载体来表达某种情感精神，如"军民团结、艰苦奋斗"的井冈山精神，"不怕艰难险恶"的长征精神，"改变作风、提高素质"的延安精神，"艰苦奋斗、勇于开拓"的北大荒精神，"谦虚谨慎、戒骄戒躁、艰苦奋斗"的西柏坡精神，"自力更生、艰苦奋斗、勇攀科学高峰"的"两弹一星"精神，还有红船精神、抗战精神、大庆精神、抗洪精神、抗震救灾精神等，进而达成情感上的认同和精神上的学习。

延安是中国革命的红色摇篮，从1935年到1948年，中国共产党在此地领导和指挥了抗日战争、解放战争。延安作为"中国革命博物馆城"，有各类文物遗址点8545处，以枣园革命旧址、杨家岭革命旧址、凤凰山麓革命旧址等为代表的革命遗址共计445处。其中，枣园革命旧址曾是中共中央书记处所在地，内有苏式小礼堂、机要室、居住区、幸福渠等。在居住区中，革命先辈旧居以窑洞建筑的形式错落有致地散布在院子中。

设计师王向春、毕睿以枣园革命旧址的窑洞为设计原型，开发了以"窑洞剪影"命名的怀旧夜灯文创产品，将革命者"伏案点灯，运筹帷幄"的剪影完美地定格在产品之上，无声地演绎出革命岁月的温情，体现出无私无畏的革命精神。同时，方正庄重的夜灯又像是一盏革命前辈指引后人的"明灯"，时刻警示我们不忘历史，坚守初心（图2-44）。

图2-44 "窑洞剪影"怀旧夜灯文创产品 王向春、毕睿

三、实用型文物衍生品设计

从原始社会开始，实用功能就是一切造物行为的首要前提，满足功用成为人类生活最朴素、最重要、最基本的要求。涉及人类衣、食、住、行的各类实用型产品充斥在人类生活的各个角落，成为社会生产和日常生活不可或缺的重要工具。可以说，人类生活在产品的世界中，其中实用型产品与人类接触最为密切。随着社会的发展，实用型产品的承载性逐步被开发，成为各种文化与之相融合的载体，从而承载着各种文化内涵进入到人们的日用生活之中，其中就包括产品类实用型文物衍生品。

实用型文物衍生品是面向现代社会人群，以满足现代生活方式和实用需求为导向，融合文物文化，体现文物元素的产品细分类型。一方面，实用产品承载文物文化进入到人类的日用生活之中，将文物文化广泛推广；另一方面，文物文化提升实用产品的品质和内涵，在保留产品功能属性的同时提升其文化属性和艺术属性，是实用价值与文物价值的创意性融合和产品化体现。按照文物文化与实用产品融合的程度，可将产品类实用型文物衍生品具体划分为整体融合式、"点睛"融合式、转化融合式三种类别。

（一）整体融合式

整体融合式的实用型文物衍生品是以文物元素和形态进行随形赋意的实用产品开发，或以特定类型的实用产品开发为目的，选择与之相契合的文物元素进行形制上的融合。

《清明上河图》是北宋徽宗时期的画家张择端所作，画作以绢本长卷的形式和散点透视的构图之法，生动描绘了北宋都城——汴京的繁华景象（图2-45）。全图宽24.8厘米、长528.7厘米，大致分为"三景"：一为"京郊春景"，二为"汴河场景"，三为"汴城市景"。其间有负担而行的商贾，有杂耍唱戏的艺人，有乘轿而去的官宦，有奋力划桨船工……，还有牛骡牲畜、车轿船只、屋桥城楼等，反映出北宋时期社会各个阶层的生活百态和时代样貌。北京故宫博物院作为《清明上河图》的收藏单位，按照整体融合的文物衍生品开发方式，提取宋本《清明上河图》里常见的"轿子""箩筐""船只"等元素，将其分别设计成茶壶、茶杯和茶盘，并共同组成了颇具宋韵的茶器套装——清明上河茗香茶具（图2-46）。在满足人们日常品茗的同时，也提供了感知宋代文化、欣赏清明上河雅趣的机会。

沧州铁狮子又称"镇海吼"，于后周广顺三年采用泥范明铸法分节叠铸而成，狮身宏伟，毛发卷曲，胸有束带，身披障泥，背负莲盆，颈下铸文"狮子王"，腹内铭文《金刚经》，有镇海守安之意。1961年，沧州铁狮子被国务院公布为第

图2-45　清明上河图（局部）　北京故宫博物院藏

一批全国重点文物保护单位（图2-47）。周帅带领文创设计团队将沧州铁狮子的文物形象整体融合在现代茶盘设计中，将铁狮子"镇遏水患"的寓意与茶盘"蓄水防溢"的功能相契合，形成了满足功用、形意兼备的衍生产品，受到了广泛的欢迎（图2-48）。

图2-46 清明上河茗香茶具 故宫文创

图2-47 沧州铁狮子 子涵拍摄

设计说明：

古时沧州一代滨临沧海，海水经常泛滥，海啸为害，民不聊生，当地人为清除水患，自动集资捐钱，请山东铸造师李云铸铁狮子以镇遏海啸水患，并取名"镇海吼"。本作品是以沧州铁狮子为原型，茶盘上放置铁狮子，形成面朝大海的布局，契合茶盘"蓄水防溢"的功能。告诫我们不怕困难，坚强勇敢。岸边设有隐藏式排水口，满足排水问题的同时不影响美观。

镇海 茶道程序

图2-48 镇海——铁狮子文创茶盘 周帅文创设计团队

（二）"点睛"融合式

"点睛"融合式的实用型文物衍生品是依托文物，选择其中最为经典、精巧、精致的文物元素，恰当地装饰在实用产品上，或巧妙地转换为实用产品的某个关键部件，起到"点睛之笔"的妙用。点睛之处恰是文物文化融入实用产品的突破口，往往能给产品注入文化灵魂，生成独特的文化气质。

三潭印月是由堤外湖水、瓶形石塔、星辰月光共同营造的奇异景致，有"湖中有深潭，明月印水渊，石塔来相照，一十八月圆"[1]的美好意境，被誉为杭

---

[1] 靳健，贾岚.诗游天下：下册［M］.兰州：敦煌文艺出版社，2020.

州西湖十景之一。三座瓶形石塔（图2-49）原为苏轼疏浚西湖之后，为标记淤泥淤积情况而建造，其由基座、圆形塔身、宝盖、六边小亭、葫芦顶组成，伫立在湖水中央，因其造型典雅优美，意境悠远，故被后世奉为美景。

2016年，二十国集团（G20）领导人峰会在杭州举行，以"西湖盛宴"命名的国宴餐瓷在欢迎晚宴中成为一道靓丽的风景，淋漓尽致地体现出西湖元素、杭州特色、江南韵味、中国气派、世界大同的精神气质。在餐瓷器具的设计中融入了很多的西湖元素，其中以冷菜拼盘半球形的尊顶盖最为亮眼。尊顶盖上的提揪部件是采用三潭印月石塔为元素开发设计而成，"点睛"般地为餐瓷赋予了杭州魅力，再配合盖上青绿基调的满陇桂雨等美景图饰，更营造出绿水青山的江南诗意（图2-50）。

中国古代的宫殿建筑文化体现

图2-49　三潭印月美景中的瓶形石塔
《杭州玩全攻略》化学工业出版社2016

在翘脚飞檐之中，蕴含在斗拱台基之间，同样也渗透在槅扇窗棂之内。故宫作为中国古代的宫殿建筑的集大成者，其窗棂形式可谓千姿百态，有三交六椀菱花、双交四椀菱花、正方格、斜方格、步步锦、白毯纹、万字纹、回字纹、工字纹、井字纹、云纹、花结纹、盘长纹等棂花，正可谓"一窗一世界"。为了让更多的人学习和了解古建文化，故宫博物院以绛雪轩、养心殿槅扇窗棂上的万字纹、白毯纹为设计元素，按照"点睛"融合的设计方式，开发了"福禄盈门"玻璃对杯。杯体四面分饰纹样，在金色茶汤的映衬下更显辉煌，形成招财进宝、万福连绵的美好寓意（图2-51）。

图2-50 "西湖盛宴"餐瓷 赵春阳

（三）转化融合式

转化融合式的实用型文物衍生品是依托文物，将其中具象、艳丽的文物元素按照现代人生活方式和审美特点转化成简约、抽象的设计元素并融合在现代实用型产品上，使其既有来源于文物的文化气质又具备适用于当下的现代气息，是现代设计与传统文化在实用产品上的融合。

缂丝《岁朝图》是清代嘉庆年间采用中国传统的"通经断纬"织制工艺制作的缂丝精品（图2-52）。图中的各色花果寓意繁茂昌隆、百事如意，表达了皇家宫廷对新年的美好期盼。文物衍生品紫禁"事事

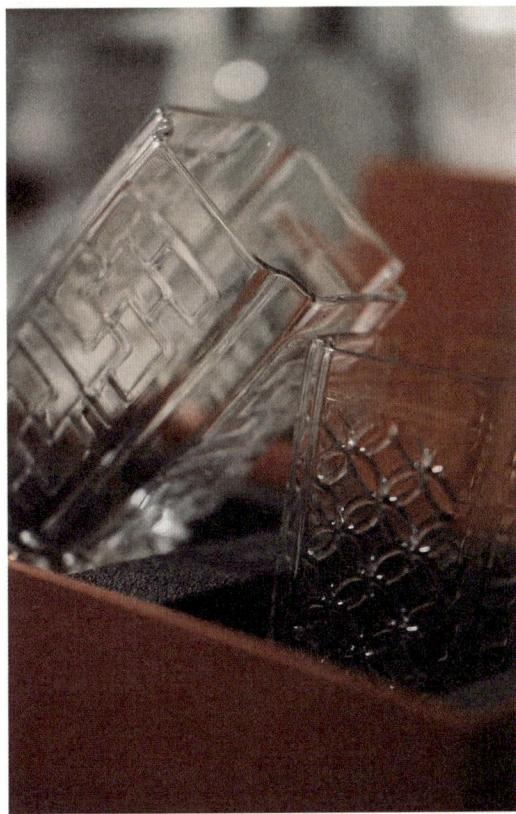

图2-51 "福禄盈门"玻璃对杯 故宫文创

如意"纸巾架就是以画作中的百合、柿子、如意为元素进行扁平化处理和虚实结合的转化，开发出用于纸巾收纳的现代家居产品，并兼具现代装饰感和文化艺术感，传达出新时代人们对美好生活的向往与追求（图2-53）。

再如紫禁"福禄寿喜"食器套装（图2-54）是以北京故宫博物院藏品清代雍正款白釉暗花纹石榴尊、清代剔红锦地八宝纹大吉字葫芦式挂屏、清代金漆山水楼阁图桃式套盒（图2-55）和清代文竹金漆里柿子式盒（图2-56）的器形和图案为设计元素并将其进行扁平式、简约式处理，通过传统形制的现代转化，融合在现代餐具上，达成了实用功能与美好寓意的统一。同样以清代文竹金漆里柿子式盒器形和制式为元素进行现代简约转化而开发的"事事如意"对杯（图2-57）也具有异曲同工之妙。

图2-52　缂丝岁朝图　北京故宫博物院藏

图2-53　紫禁"事事如意"纸巾架　故宫文创

图2-54 紫禁"福禄寿喜"食器套装 故宫文创

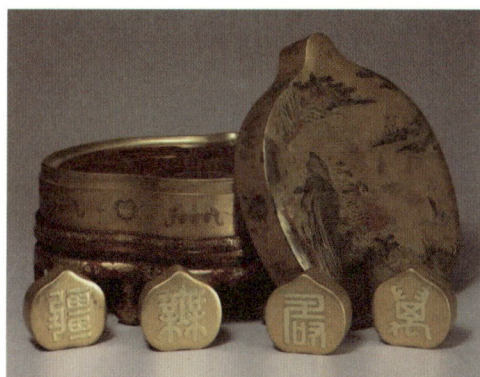

图2-55 清代金漆山水楼阁图桃式套盒
北京故宫博物院藏

图2-56 清代文竹金漆里柿子式盒 北京故宫
博物院藏

图2-57 "事事如意"对杯 三维工匠

【 第三节 】 体验类文物衍生品设计

　　体验是指人在参与某一事物的实践活动中产生的感受和经验。按照马斯洛需求层次理论而言，"体验"是消费者在实现生理满足之后的更高层次的精神追求之一。在当前这样一个"体验经济"的时代，产品设计的体验感也成为满足人类使用需求与审美需求后的又一个重要的产品设计要求。对于文物衍生品也是如此，人们需要参与到由文物衍生品所构建的文化氛围之中，从视觉、听觉、嗅觉、味觉、触觉等多个维度去感知文物文化。由此，体验类文物衍生品设计应运而生，按照"沉浸式品味唤醒感知、互动式参与触发情感、体验式感受引发联想"[1]的设计方式和开发策略打造出人们喜闻乐见且喜闻乐践的文创产品，进而得到了全社会的广泛欢迎。

一、互动型文物衍生品设计

　　互动型文物衍生品设计是以文物或文物背景为线索，以考古、文物、历史知识普及以及文化的多维感知为目的，将文物信息的直接传送转变为开发获取，在产品的设计过程中采取保留式、分解式或附加式的方法，以待完成、待组装、待开发、待优化的产品状态进入到消费者手中，将衍生品开发的最后一道程序交给消费者，使其在产品的参与互动与开发完善中感乐趣、获新知。

（一）保留式

　　保留式的互动型文物衍生品设计是保留产品设计的完成度，留有一定的产品开发余地给消费者，并通过消费者来赋予产品与众不同的形式，实现消费者从信息接受体到信息创造体的转变。

---

[1] 刘晓彬、朱庆祥.基于五感体验的文创产品设计策略研究［J］.包装工程，2022（6）：332.

（二）分解式

分解式的互动型文物衍生品设计是依托于文物本身，按照器物建造的逻辑进行反向解构，将文物衍生开发为多个组装部件，并由消费者通过重构组装的方式感知衍生产品的乐趣，体会建造文化的韵味。

天坛祈年殿是明清时期的皇家祈谷、敬天礼神之所，由鎏金宝顶、蓝瓦红柱、三重屋檐、栏杆望柱组成，采用中国特有的传统营造榫卯技艺构造，是中国古代建筑的典型代表，有风调雨顺、五谷丰登的寓意（图2-58）。

1961年3月，天坛被国务院列为全国第一批重点文物保护单位。文物衍生品"祈年殿千年榫营造榫卯积木"就是以分解式的设计方法，将祈年殿之形解构并设计为874个积木零件块（图2-59）。积木的拼装方式融合了营造文化和榫卯文化，将燕尾榫、直榫、倒退榫、企口

图2-58　天坛祈年殿
《传奇的祭坛》北方妇女儿童出版社2017

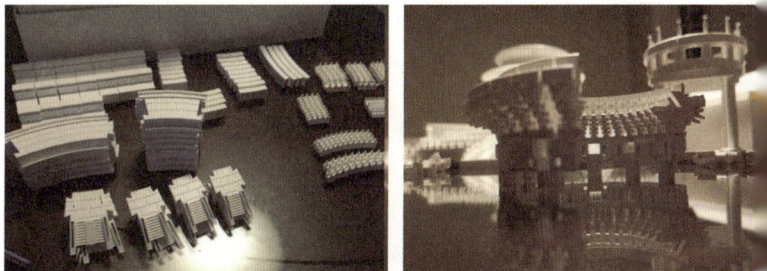

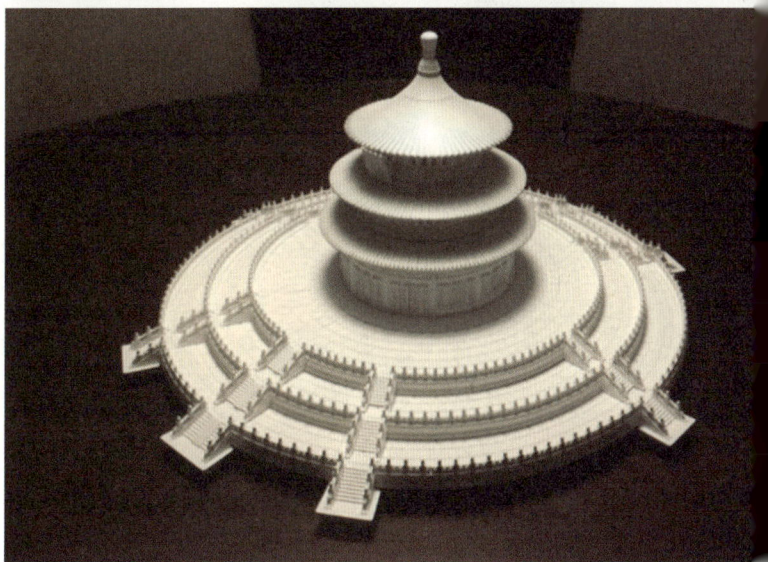

图2-59　祈年殿千年榫营造榫卯积木　子涵拍摄

51

榫、穿梢等多种榫卯结构复合运用其中。消费者在拼搭建造的过程中可以在互通体验之间寓教于乐地感受到传统营造技艺的奥妙，体会到古代匠人的智慧和中华文化的伟大。

（三）附加式

附加式的互动型文物衍生品设计是在已经开发好的某个或某类衍生品上附加一定的包装或材料，以"待发掘"的盲盒形式呈现，增加产品的神秘性，给予消费者"发掘"的体验感和探索的趣味性。

三星堆古遗址是西南地区范围最大的古蜀文化遗址，其中出土了大量的青铜文物，包括青铜大立人、青铜面具、青铜神树等，尤其是造型各异青铜人面像闪耀着神秘的光辉，令人叹为观止。文物衍生品"三星堆考古大发现"桌面考古盲盒以青铜大立人、青铜戴冠纵目面具、铜神树枝头花蕾及立鸟、圆头金面青铜人头像、平头金面青铜人头像、青铜大鸟头、青铜兽面、陶猪、金杖、金箔虎形器等文物为原型进行微缩还原式的产品开发，并在其表面附以黏土制成的考古探方，最终在统一包装的加持下以盲盒的形式上市。消费者借助配备的工具，进行探方的挖掘和清理，最终得到一件精巧的三星堆"微缩文物"。在整个"桌面考古"的过程中，体验感、探索感、惊喜感十足，能有效激发起人们对文物文化、考古文化的兴趣，进而生发出文化自豪感（图2-60）。

图2-60 "三星堆考古大发现"桌面考古盲盒 子涵拍摄

二、娱乐型文物衍生品设计

娱乐型文物衍生品设计是以历史背景、文化背景、文物背景为线索，借助相应的文物元素进行以满足人们休闲娱乐为主要目的的文创玩具产品开发。其往往可以借助其娱乐过程传递相应的文物文化，普及相关文物和历史知识，达到寓教于乐的效果。按照开发方式的不同，娱乐型文物衍生品设计可划分为复刻式、应用式和创新式三种。

（一）复刻式

复刻式的娱乐型文物衍生品设计是选择符合当下现代人娱乐条件和娱乐习惯的古代玩具或玩具文物为原型进行复刻式的文物衍生品开发，人们可以从中感受到古代人的娱乐智慧和生活乐趣。

中国古代玩具是中华大地各民族、各地域人们生产生活闲暇娱乐的文化产物，包含以羊哨、竹马为代表的童蒙类玩具，以七巧板、九连环为代表的益智类玩具，以围棋、象棋为代表的博弈类玩具，以投壶为代表的礼仪类玩具，以马球为代表的健体类玩具，等等。这些玩具具有益智健体、益趣修身的特点，不仅体现了古人高雅智慧的娱乐品味，也蕴含了民俗文化的深厚底蕴。

《幽求子》有言："年五岁有鸠车之乐，七岁有竹马之欢"。铜三轮鸠车现藏于河南洛阳博物馆，是西晋时期的童蒙玩具之一，铜鸠胸前有环，体侧有两轮，可穿绳拖行（图2-61）。此外，在古代"鸠"代表孝道，以鸠形而制玩具，能够在儿童娱乐同时潜移默化地进行孝道教育。如今，以木为材重新复刻的鸠车也成为当下童蒙养正的玩具之一，能够让孩子在欢乐中学传统精神，感古人智慧（图2-62）。

图2-61　铜三轮鸠车　河南洛阳博物馆藏

图2-62　复刻版木质三轮鸠车禅意木器

（二）应用式

应用式的娱乐型文物衍生品设计是选择当下现有的娱乐方式或玩具产品有机融入文物元素、文物背景和历史文化，为普通的娱乐方式赋予相适的文化氛围，扩大文化育人半径。

扑克是当下全世界最流行的一种娱乐纸质玩具，共由54张牌组成，52张是正牌，2张是副牌，每一张牌都有相对应的符号、花色和图案。因其玩法千变万化，应用场景广泛，扑克游戏广受人民大众喜欢，每个家庭都或多或少有一副扑克牌。作为当下人们消闲娱乐的方式之一，扑克牌的图案设计成为文化推广、文化输出的重要载体。周帅文创设计团队以国家图书馆藏《中国古版年画珍本》中的清代版神荼郁垒年画等为原型（图2-63），将年画中的神灵按照扑克牌的排版形式和现代设计语言进行重构与设计，开发出寓意"好运来，厄运去"的民俗文物衍生扑克牌（图2-64），以大众最为普通的娱乐方式承载和传达中国人民最朴素的民俗文化和最真挚的吉祥文化。

图2-63　神荼郁垒年画（清代版）
《中国古版年画珍本（北京卷）》湖北美术出版社2015

图2-64　年画元素文创扑克牌　周帅文创设计团队

（三）创新式

创新式娱乐型文物衍生品设计是以文物、遗迹、遗产元素为原型，按照其形式特征、历史背景、相关神话传说而创新开发出的全新娱乐产品和娱乐方式，能够精准地达成寓教于乐。

圆明园是我国清代的皇家园林，由圆明园、绮春园、长春园组成，该园林集江南园林艺术、西方园林建筑艺术之大成，被誉为"万园之园"。1979年，圆明园遗址被列为北京市重点文物保护单位。1988年1月13日，圆明园遗址被国务院公布为第三批全国重点文物保护单位之一。

圆明园中的万花阵是按照西方迷宫的形式而建立的花园，"迷宫"由阵墙、中心圆亭、碧花楼和后花园组成，具有强烈的中西结合风格（图2-65）。曾几何

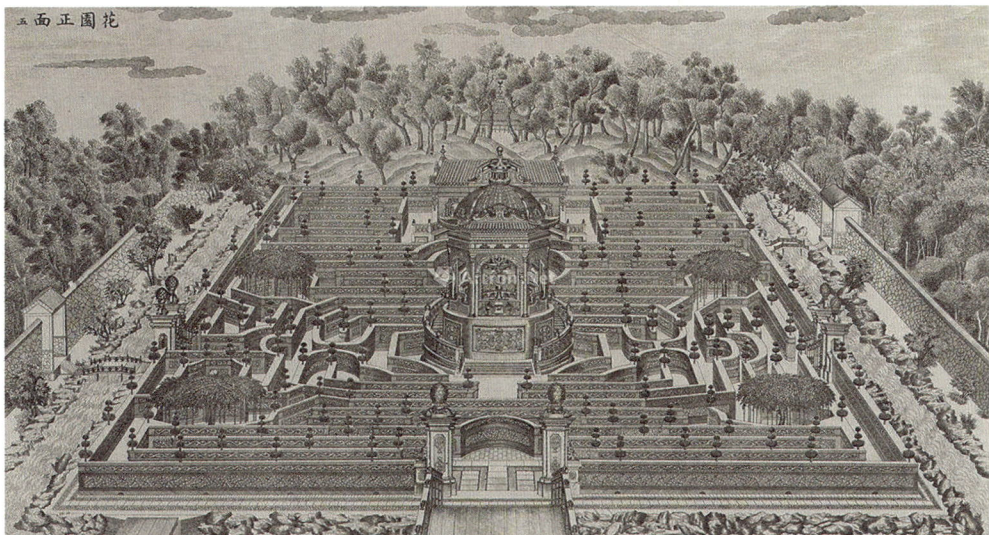

图2-65　圆明园景色版画之万花阵迷宫　郎世宁

55

时，古代皇家曾在此处游乐，宫女持黄花灯，寻径而跑，先到中心者可获赏物。花灯东流西奔，引为乐事。周帅文创设计团队以"圆明园万花阵"为主题设计开发的名为"皇家寻赏"的滚珠平衡迷宫，将"滚珠"模拟为宫女手持之灯，分设四个入口，通过游戏的欢乐体验来感受古时传统节日下的游戏景象（图2-66）。

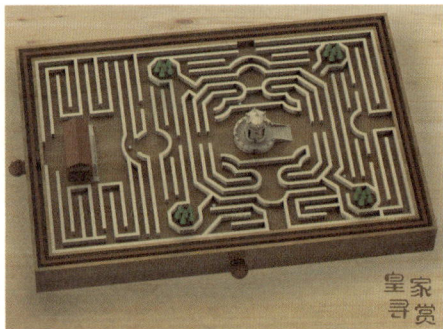

图2-66 "皇家寻赏"滚珠平衡迷宫
周帅文创设计团队

三、品味型文物衍生品设计

品味型文物衍生品设计通常是文博场馆、遗址公园、名胜古迹等单位为了给观者提供沉浸式体验而立足于文物本身，选取文物器形、文物元素为设计素材，开发相应的食品或饮品及其包装，能够给人们带来视觉上的优美感、味觉上的满足感和行为上的仪式感，全方面增强了人们的文化体验。

脊兽是我国古代汉族建筑屋脊两端安放的瑞兽构件，一般由琉璃瓦所制，有保护木铁、固定支撑和装饰美化的功能，后被赋予了等级意义，脊兽数量和形式都有严格限制。故宫太和殿是中国古代等级最高的建筑，其角脊上的瑞兽有10个，分别为龙、凤、狮子、海马、天马、狎鱼、狻猊、獬豸、斗牛、行什，它们既象征着皇权的至高无上，也营造了宫殿的富丽堂皇，更成为故宫文化的象征（图2-67）。"故宫脊兽文创雪糕"（图2-68）就是以故宫太和殿屋脊上的十只瑞兽为原型而设计开发的，不同的脊兽雪糕对应不同的口味。雪糕与文物、文化的融合，可以很好地承担起"宣传大使"的作用，通过味觉引领文化求知，有效地实现了文化宣传与普及。此外，其他博物馆也以文物为原型开发了各式各样满含

图2-67 故宫脊兽
《虽为人作，宛自天开：故宫趣解》北京联合出版公司2021

图2-68　脊兽文创雪糕　东方网

文化乐趣的糖果、糕点等。

　　除了围绕食品形态进行衍生开发外，食品的包装、饮食的方式、饮食的空间也都在不同程度地融合文物文化。坐落于天坛公园里的天坛福饮咖啡店成为游客观光的打卡胜地，在这里咖啡与天坛彼此"邂逅"，蓝天红墙式的祈年殿印花咖啡纸杯增强了文化的归属感，"万事顺遂"的咖啡拉花带来了满满的仪式感，皇家气象与现代气息兼具的休闲环境营造浓厚的文化氛围感，切实让我们在天坛文化中流连忘返。

第 三 章

【文物衍生品设计开发的方法与原则】

概述

《墨子·法仪第四》有言,「天下从事者,不可以无法仪,无法仪而其事能成者,无有也」●。由此可见,凡事皆有其方法,也皆在原则束缚下运行,方法促进其事成,原则规范其行为。文物衍生品设计开发作为一种以文物为本源的造物手段,其创新属性决定了开发方法的多元,其文化属性、产品属性决定了开发原则的严格。

● 中华文化讲堂.谦德国学文库:墨子[M].北京:团结出版社,2017:32.

【 第一节 】 文物衍生品设计开发方法

文物衍生品设计虽然仅属于产品设计大类下文创产品设计中的一个细分方向，但其背后却是由万千文物、千年文化、悠久历史所构建的设计背景和设计来源所组成，因此每一件文物衍生品的设计过程皆不尽相同，开发方法也就更为多元。常用的设计开发方法有"画龙点睛""故事演绎""营造意境""古为今用""文质彬彬""同形异构""动静相宜""以情动人""窗容万物""古今碰撞""意象呈现"等。

一、画龙点睛

文物衍生品的设计与开发不是文物元素的"地毯式"贴图，而是要在注重现代审美特点、现代生活方式的前提下有机融入文物的特征性元素和历史文化符号。"画龙点睛"式的文物衍生品开发方法，就是选取文物中最具代表性、最具特征性、最具典型性的元素、符号、纹样、纹理、文字、图案，并根据其形态特征，将产品的某一关键部件进行同构替代或有机融入，进而打破原产品的平庸气质，恰如其分地注入文物特征，有效地赋予产品以文化精神。此方法多应用于器物类的文物衍生品开发，如茶器、酒器等。在运用此法的过程中，需要对同构的关键部件做细致、精致的处理，力求能够还原文物元素本身的"精气神"，必要时还需赋予部件以不同的材质、色彩，进而与产品本身形成对比，以达到装饰"点睛"、突出主题的作用。

周帅文创设计团队以沧州铁狮子为设计原型开发的文物衍生品"狮韵"茶具（图3-1），将狮头、莲花宝座等元素分别同构为茶壶的壶嘴、盖纽，以小见大地体现产品的渊源和"镇海吼"的气势。

图3-1 "狮韵"茶具 周帅文创设计团队

二、故事演绎

每一件文物的背后都是历史文化，有的文物承载了神话传说，有的文物寄托了人的情思，也有的文物蕴藏着历史记忆，故每一件文物都或多或少地具有故事性。"故事演绎"式的文物衍生品的开发方法就是以设计调研的方式来深挖文物蕴含的故事，并运用现代设计手段进行现代语境下的故事组织，通过选取恰当的现代产品为载体进行故事重述与演绎。在产品载体的选取上要与故事的结构相契合。叙述性故事选择线性产品来承载以达到平铺直叙、娓娓道来的效果，如纸胶带、直尺、卷尺等都是较为常用的文物故事载体。篇章性故事选择多面性产品或套组性产品来承载，利用多个面或多个体来分别承载每一个篇章的主题，如玩具魔方、多子盒、书签套装、茶杯套装等。同时，也可以提取文物元素、形象或与文物相关的元素、形象进行拟人化处理，打造可爱有趣的IP形象来承载故事、演绎故事。值得注意的是，文物衍生品的开发应符社会主义核心价值观，选取饱含中华优秀传统文化的文物故事进行演绎，进而通过作品来表达积极向上的文化精神。

三、营造意境

意境是中国古典美学的核心范畴，反映了天人合一的哲学思想，影响着中国古典艺术物我合一、主客统一的观念。无论是中国古典诗词，还是书画作品都是情景交融、虚实相生、意境相融的集合。营造意境既是中国古典艺术行为的最高追求，也同样成为当下表达中国创意、中国风格、中国气度的造物法则。对于文物衍生品的开发而言，我们同样需要以文物元素、素材等有形的"象"通过设计手法来将中国深厚的文化思想融植于产品之中，营造意韵深远的"境"。

出土于内蒙古赤峰市翁牛特旗赛塔拉嘎查的红山玉龙被誉为"中华第一龙"，

以墨绿岫岩玉雕琢打磨而成，是红山文化的代表性文物，距今已有五千多年的历史（图3-2）。红山玉龙一经出土，以其"周身光洁，长吻修目，鬣鬃飞扬，卷曲若钩，造型生动，雕琢精美"的造型特点[1]和"龙"所蕴含的中华民族精神为大众所推崇并奉为国宝。玉龙也成为展现中国气度的重要设计元素，而广泛出现在众多的设计作品中。著名设计师贾伟就以红山玉龙文物为原型，设计开发了以"飞龙在天"为名的香台雅器，其以金龙为线香之插，以檀木为四方之台，星点火光间化云水般袅袅香烟，营造出飞龙游曳，祥云浩渺、海波氤氲的意境（图3-3）。

图3-2　玉龙　中国国家博物馆藏

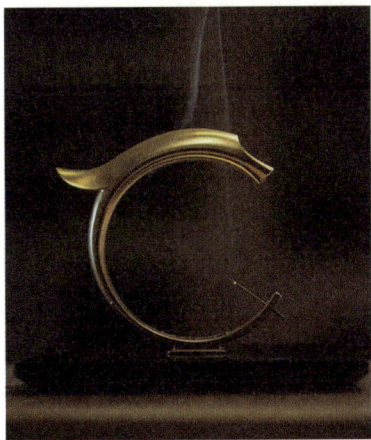

图3-3　"飞龙在天"香器　贾伟

---

[1] 萧晖荣.雕塑知识与鉴赏［M］.北京：化学工业出版社，2016：95.

四、古为今用

文物是人类社会发展与历史演进过程中的价值物质遗存，是人类生产活动的物质证明。相当体量的文物来源于历史中人类使用过的生活器具，此类文物往往兼具功能性、审美性和文化性，根据所处的历史年代展现出不尽相同的美感，如清代雍正时期的瓷器具有隽秀尔雅、小巧玲珑、曲线优美、色柔不艳的特征，而清代乾隆时期的瓷器则富丽华美、纹饰丰富、造型新奇、色彩亮丽。"古为今用"式的文物衍生品的开发方法就是以器物类文物为原型，在保留文物韵味的同时进行同类现代产品的设计和开发。对于器形典雅、纹饰简约的文物，可以直接进行复刻开发。对于器形复杂、纹饰繁华的文物，则在保留其文饰精华和器形神韵的基础上进行现代简约化、扁平化的处理，开发为适用于当下现代生活、具有时尚气息的同类型产品。此方式应用的关键在于对文物器形进行简化处理的尺度把握，既不能盲目沿用，老气横秋，也不能简化失度，无源嬗变。

收藏于故宫博物院的汝窑天青釉三足樽承盘为宋代汝瓷精品，瓷器内外施以天青色釉，釉面开片呈细碎裂纹，承盘直口，腹浅底平，下承以三蹄形足（图3-4）。因其器形考究简约，色泽典雅清新，为千古文人所好。如今，以此文物进行复刻的衍生品成为当代文人学者书房案头常见的器物之一，或以果盘用之（图3-5），或以壶承用之（图3-6），尽显风雅。

图3-4 汝窑天青釉三足樽承盘
北京故宫博物院藏

图3-5 汝窑天青釉三足樽承盘复刻衍生果盘
子涵拍摄

图3-6　汝窑天青釉三足樽承盘复刻衍生壶承　子涵拍摄

五、文质彬彬

《论语》第六篇《雍也》有言："质胜文则野，文胜质则史。文质彬彬，然后君子。"[1]其本意是指人的文采和实质配合适当，气质温雅且行为端正，泛指内在美与外在美的统一。后来该思想被广泛地引申到了文章学、史学等诸多领域之中，成为影响最为广泛、最为深远的中国传统思想之一。同样，"文质彬彬"也作为传统造物法则影响着文物衍生品的设计与开发，强调产品装饰与产品功能的高度契合、产品形式和产品内容的高度统一。"文质彬彬"式的文物衍生品设计与开发的方法是将文物元素或装饰纹样功能性地应用于产品中，并与产品形成意味上的统一，避免"为装饰而装饰"的牵强附会，以及贴图式的装饰行为，力求产品装饰兼顾形、用、意、韵的合一。

梅花玉版笺是清代乾隆年间蜡染宣纸信笺，因其上有泥金所绘的冰裂梅花纹图案，故称"梅花玉版笺"（图3-7）。古时文人墨客常以梅花来比喻傲骨，将其装饰在众多的文房用品中，或以此寄情，或以此明志，或以此勉励。所以，才有了宋代翁森《四时读书乐》诗句中"读书之乐何处寻？数点梅花天地心"的高妙境界。故宫博物院以梅花玉版笺为源，将冰裂梅花纹融植于直尺之上。一者，金色的花纹与黄铜质感的直尺融为一体，且点线面配比得当形成强烈的形式美感。二者，直尺以镂空处理的方式来体现梅花，在形成虚实对比的同时给用户留下"依尺画梅"的体验。三者，将传统梅花的文人意向融于现代文房用具之中，既是传统文化的现代表达，亦是古今文人的不变追求。由此可见，一件文质相符的文物衍生品应符合文饰润物无声，文饰自有其功，文饰韵在其中（图3-8）。

---

❶ 中华文化讲堂.谦德国学文库：论语［M］.北京：团结出版社，2017：145.

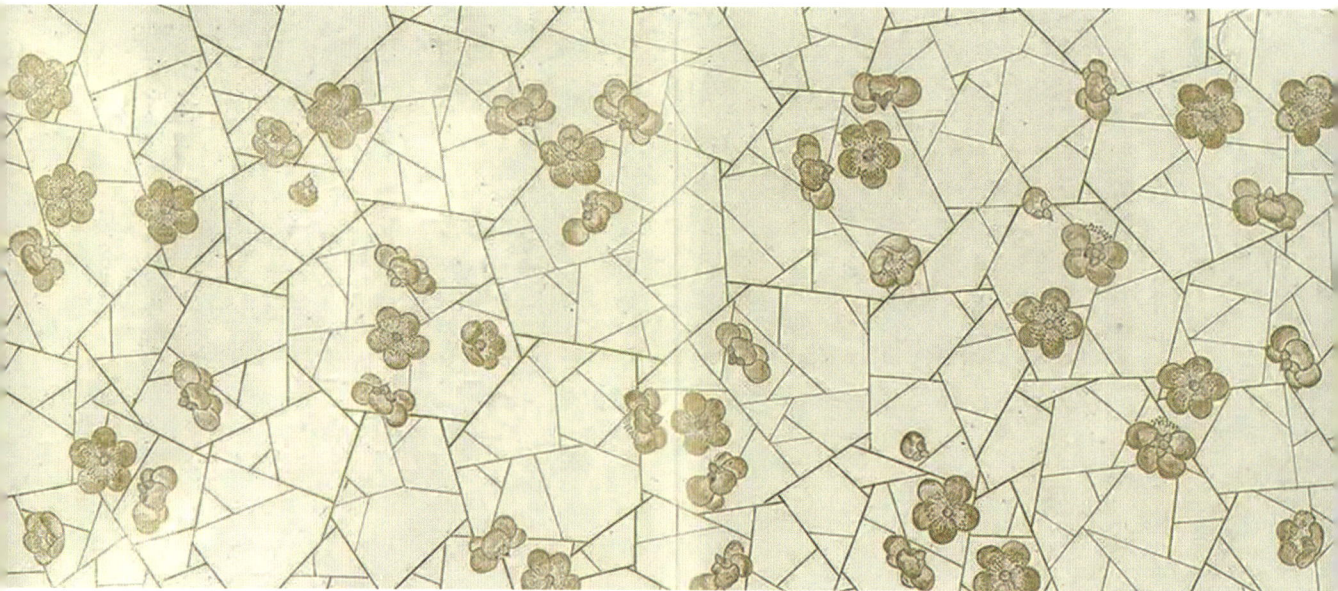

图3-7 梅花玉版笺 子涵拍摄

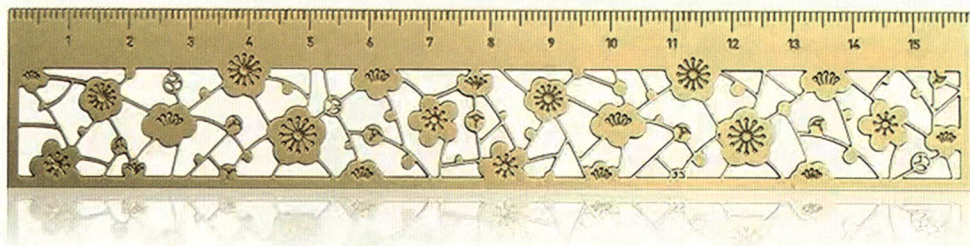

图3-8 "数点梅花天地心"铜尺 故宫文创

　　铺首是中国古代传统建筑中门扉上的重要部件，既具有叩门、拉门等实用功能，也具有装饰门楣、驱邪镇宅等功能。在古代封建社会中，铺首的使用具有森严的等级规定，不同的材质和形制对应着不同的社会层级。其中，尤属皇家宫殿铺首的工艺、形制、材质最为讲究。清代圆明园铺首是长春园玉玲珑馆陶嘉书屋门上的遗物，为清朝乾隆时期皇家造办处仿照西周时期饕餮铜环的形制特制而成，其造型考究，神态威武，且不同于常见的狮辅首、古钉辅首等式样，因此十分罕见（图3-9）"辅首文创砚台"是以清代圆明园铺首为元素进行设计，将"饕餮"辅首的上下两部分分别"凸化"和"凹化"于砚台之上，"凸化"的兽首起到装饰砚台的作用，"凹化"的门环恰形成了研墨的平台和储墨的凹槽。一凹一凸之间以砚台赋装饰美感、实用功能和文化内涵（图3-10）。

图3-9　清代圆明园铺首　国家博物馆藏

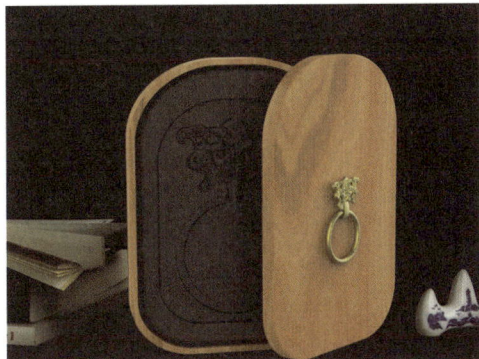

图3-10　辅首文创砚台　周帅文创设计团队

六、同形异构

中华文化博大精深，无数具有优雅形态和美好寓意的形式、纹样在古人的生活实践中总结形成并通过文物的承载而为今人所感知。这些形态、纹样在今天的视角下，已经不单单是形式美感的体现，更成为中国文化的象征。既然作为文化象征，那么文物衍生品的开发则不需要过多地拘泥于文物本身的器具类型和用途，完全可以按照当下的生活方式，选择最利于文化传播的物质形式、产品媒介进行"同形异构"式的开发。简而言之，同形异构式的文物衍生品开发方法就是选取经典的文物形式、纹样，开发成与现代日用生活息息相关的创意型、趣味型产品。此法在应用过程中要注意开发产品的选择，要务必选择与文物形式相近的产品或可塑型产品，以此来达到"情理之中，意料之外"的效果。

剔红双鸟荔枝纹圆盘是明代雕漆精品，盘面雕以方格花卉锦地，其上凸雕有太湖石、荔枝和两只追逐其间的绶带鸟，构图灵动，画意生动，寓意美好，具有较强的立体效果。无论是赏盘的外形，还是图案都给人带来饱满协调的视觉美感和圆满祥和的美好寓意。因此，以剔红双鸟荔枝纹圆盘为设计源本，将其图案做扁平化、线框化处理，并按照同形异构的方式开发出名为"花间啼鸟"的圆形挎包，将剔红圆盘的精美转化为时尚挎包的精致（图3-11）。

图3-11　"花间啼鸟"圆形挎包　故宫文创

银镀金双蝶纹喜字粉盒为清代同治年间的女性新婚的妆奁用具，其器形呈左右对称状，上有中国典型的吉祥纹饰——喜相逢，具有和和美美、爱情圆满、福喜连绵的美好寓意（图3-12）。由于时代更迭，现代女性美妆形式已发生变化，古代的专用铅粉盒已被各大厂商的粉饼所取代。但延续千年的婚礼文化没有变，妆奁用品依然是嫁妆中的一部分，只不过用品种类因现代生活方式的不同而有所调整。"吉隆之喜"精油手工皂就是以文物银镀金双蝶纹喜字粉盒为源，采用可塑性材料——皂基，异构开发出的婚庆精油皂，在契合现代生活的同时延续了古代的风雅和传统的文化，使美好的寓意因为千年文化的加持而更显庄重与诚挚（图3-13）。

图3-12 银镀金双蝶纹喜字粉盒 北京故宫博物院藏

图3-13 "吉隆之喜"精油手工皂 故宫文创

七、动静相宜

在众多的文物当中有大量的传世名画、器具是按照"以图叙事"的形式记录着神话传说、历史事件，以及人类生活的某一瞬间，以静态之美呈现动态之韵，引发观者之联想，形成回味之妙趣。如唐代画家张萱所作的《捣练图》就记录贵族妇女捣练缝衣的工作瞬间。"动静相宜"式的文物衍生品开发方法是围绕文物静态图案为原型，通过将某一个元素或多个元素进行简单机械结构化开发，形成定向活动或随意活动的衍生品产品，达成由静转动、动静相宜的妙趣，以增加产品的互动性、趣味性和体验性。

《朱瞻基行乐图》是明代绢本设色画作，描绘了明代宣宗朱瞻基在宫廷御园内观赏体育竞技的场面，画面中记录了射箭、蹴鞠、马球、捶丸、投壶等诸多体育活动的精彩瞬间（图3-14）。周帅文创设计团队设计开发的文物衍生品"蹴鞠主题临时停车号码牌"就是以《朱瞻基行乐图》中蹴鞠竞赛的图景为原型（图3-15），进行人物元素、太湖石元素提取，按照"动静相宜"的开发手法，将蹴鞠球设计开发为停车号码牌数字轨道上的一个部件，随着"蹴鞠球"的左右移动可以有效地实现电话号码的公示和遮挡，满足人们在不同场景的使用需求。同时，轨道上的蹴鞠球又与人物产生了动态联系，生动有趣地还原了蹴鞠竞赛场上的动态场景（图3-16）。

图3-14　朱瞻基行乐图（局部）　北京故宫博物院藏

图3-15　朱瞻基行乐图之蹴鞠竞赛　北京故宫博物院藏

图3-16　蹴鞠主题临时停车号码牌　周帅文创设计团队

八、以情动人

文物是人类社会生活的历史遗存，在承载历史记忆的同时也汇聚了人的情感，如《兰亭序》体现了王右军"固知一死生为虚诞，齐彭殇为妄作"的感慨；《祭侄文稿》体现了颜平原对"父陷子死，巢倾卵覆"的悲愤；《黄州寒食帖》体现了苏东坡"年年欲惜春，春去不容惜"的惆怅。"以情动人"式的文物衍生品开发方法就是要挖掘文物中能体现情感的显性或隐形元素，从中选取能够与现代人产生共鸣和互动的元素为素材进行衍生品的开发。

清代雍正皇帝被誉为史上最勤勉的帝王之一，其在位十三年，写有1000多万字的政务批语，这些批语或为霸气的训示、或为严肃的警示、或为欣慰的感叹、或为体贴的勉励……透过这些斑驳的字迹之外，我们感受到一个至高无上的帝王背后的喜怒哀乐和情感流露，甚至一些文字可以直接触碰到我们的内心情感，生成共鸣。为此，文物衍生品御批折扇就是以雍正皇帝批年希尧《奏密陈广东官兵积弊折》（图3-17）里的"如有言而不听者，即速速密奏，朕自有道理，着实大家振作一番，才可改革流风习弊……"为元素设计开发而成。一句"朕自有道理"道出了帝王的孤傲、霸气和深谋远虑，恰与当下年轻人自我张扬的青春活力相契合，再加上国潮文化的普遍流行，御批折扇立马成为年轻人表达个性的潮品选择（图3-18）。

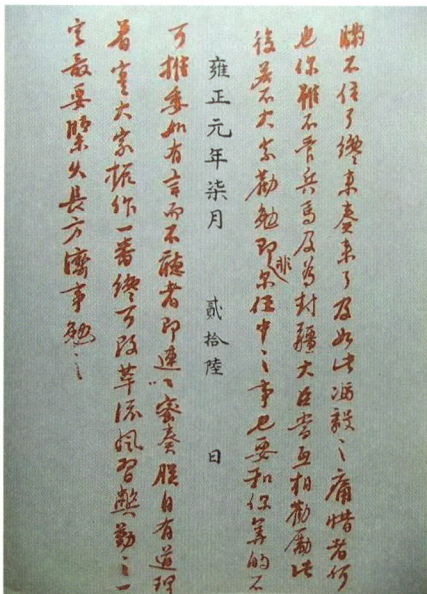

图3-17　奏密陈广东官兵积弊折
《雍正皇帝御批真迹》西苑出版社1995

图3-18　御批折扇　故宫文创

九、窗容万物

中国古代园林建筑博大精深，其中仅洞窗而言就可谓姿态万千，有六角、方胜、扇面、梅花、石榴等形状，又被称为"什锦窗"。窗洞一般出现在园林游廊之中，一可采光通风，二可框景成画，能够形成窗中有画，画中有诗，诗中有韵的妙趣。千百年来，"窗"在中华文化的润泽之下，逐渐演化为文人墨客对话自然的媒介和观心自在的世界，也成为工艺美术作品创制的构成框架，无数以窗为体，容纳万物的琳琅美作至今让人回味无穷，如元代"杨茂造"剔红观瀑图八方盘就是其中的典型代表（图3-19）。

如今，"窗容万物"的造物方式也在文物衍生品的设计与开发得以沿用，尤其在重要遗址、名胜主题性的文创开发中应用广泛，如清代张若澄所作的《燕山八景图册》（图3-20）就可以按照寓景于窗的方式，开发出八个不同窗体的衍生产品。同时，此种开发方法的应用性十分广泛，可开发成各种类型的产品，诸如橡皮、糕点、香薰石、挂饰等。"六角窗型文创化妆粉底盒"就是按照传统建筑中的六角窗的形制，应用黑檀木、黄铜等材料设计开发而成，其间又融合了套方锦窗棂元素并体现在外壳与粉底上，营造出富有传统内涵且精致简约的产品气质，为女性朋友打造出一种"窗中有镜、镜中容美"的使用感受（图3-21）。

图3-19 "杨茂造"剔红楼阁人物图八方盘
北京故宫博物院藏

图3-20 燕山八景图册盘（局部）
北京故宫博物院藏

图3-21 六角窗型文创化妆粉底盒
周帅文创设计团队

十、古今碰撞

文物衍生品是文物文化传播的载体，也是人们感知文物文化魅力的一种渠道。好的文物衍生品能够拉近文物与人们之间距离，让文物文化以更加亲民、更有温情、更具趣味的方式走进人们的日常生活中，带给人们一种共鸣感、认同感和亲切感，而"古今碰撞"式的文物衍生品的开发方法恰是一种提升文物衍生品亲切感的重要方式，该方法是将文物本身特有的元素、形象与现代社会生活元素相融合，让传统形象进行"穿越式"的现代表达，使古今文化通过文物衍生品而实现碰撞和交融，形成反差式的设计效果，产生强烈的趣味性和亲切感，让人耳目一新，增加人们体验文物衍生品的兴趣，提升人们了解文物文化的欲望。该方式多用于手办类型的文物衍生品开发。

如陕西历史博物馆开发的超活化系列"仕女日常"手办就将唐朝仕女俑的形象与现代职业女性的日常生活场景进行了生动的融合，借助仕女俑来表达现代女性的丰富情感、快节奏的工作生活状态（图3-22）。再如，三星堆博物馆开发的"川蜀小堆"民俗系列手办，就是以三星堆文物为原型进行拟人化处理，并融合四川特有的市井生活文化元素——变脸、茶文化、蜀绣、长牌等，在保留三星堆神秘感的同时，又使其具有现代气息和生活色彩，成为传播三星堆文物文化和巴蜀生活文化的"代言人"（图3-23）。

图3-22 超活化系列"仕女日常"手办
陕西历史博物馆文创

图3-23 "川蜀小堆"民俗系列手办 三星堆博物馆文创

十一、意象呈现

"意象"是中国传统美学中的核心概念，是"情"与"景"的欣合和畅、一气流通。❶在中国的文学艺术作品中，意象无处不在，意象既是中国人浪漫、含蓄的情感表现，也是物我一体的哲思体现。在我国的传世书画、诗词古籍、工艺器物之中，有不少的文物记录并承载了历史中"情"与"景"，文物之上的"情""景"既是我们感知文物、了解历史的重要途径，也是传递古人情思的载体。因此，"意象呈现"式的文物衍生品的开发方法就是要通过挖掘文物中"情"的线索和"景"元素，按照以景融情，以象表意的方式，将文物所承载的古人情思物化为文物衍生品并含蓄地传递给今人。

《圆明园四十景图咏》是清代画师唐岱等奉乾隆皇帝之命，以圆明园的四十景致而绘制的绢本画作，每一景图都对应乾隆御笔题诗、汪由敦书写的《四十景对题诗》。《四宜书屋》便是其中之一（图3-24），画旁题有"春宜花，夏宜风，秋宜月，冬宜雪，居处之适也。冬有突厦，夏室寒些，骚人所艳，允矣兹室，君子攸宁。秀木千章绿阴锁，间间远峤青莲朵。三百六日过隙驹，弃日一篇无不可。墨林义府足优游，不羡长杨与馺娑。风花雪月各殊宜，四时潇洒松竹我"的诗句，表达了乾隆皇帝对四宜书屋的情感，也体现了宫廷生活的四季变化。

"四宜芬芳"香氛挂饰（图3-25）就是以四宜书屋为主题设计开发的文物衍

---

❶ 叶朗.美在意象［M］.北京：北京大学出版社，2010：159.

生品。香氛挂饰分别以梅花、宫扇、满月、雪花之"象"进行设计，用以表达春花烂漫的欣喜，夏风习习的惬意，秋月团圆的美满，冬雪翩翩的纯洁，体现了"春宜花，夏宜风，秋宜月，冬宜雪"的设计主题，体现出"四季好时节，四季皆芬芳"的美好寓意。

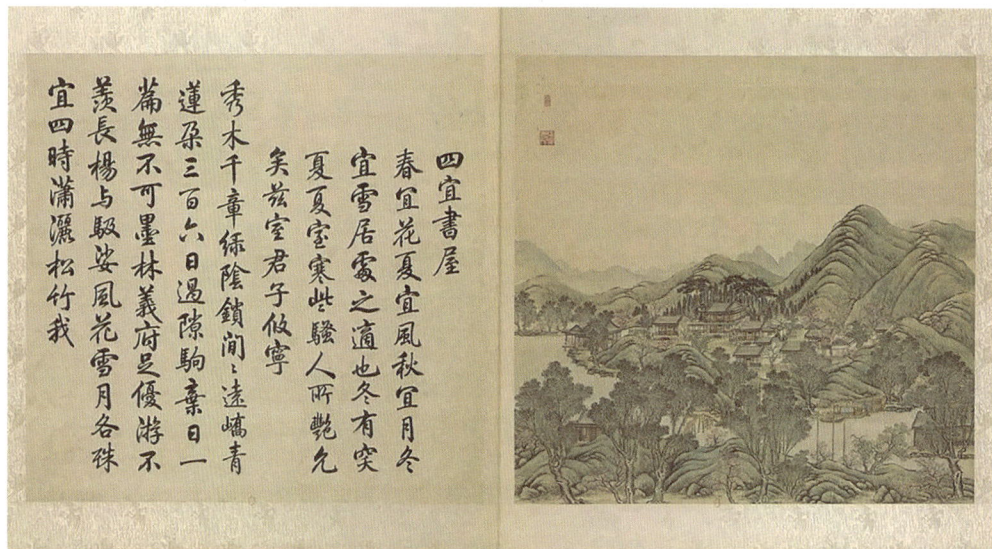

图3-24　圆明园四十景图咏之四宜书屋　法国巴黎国家图书馆藏

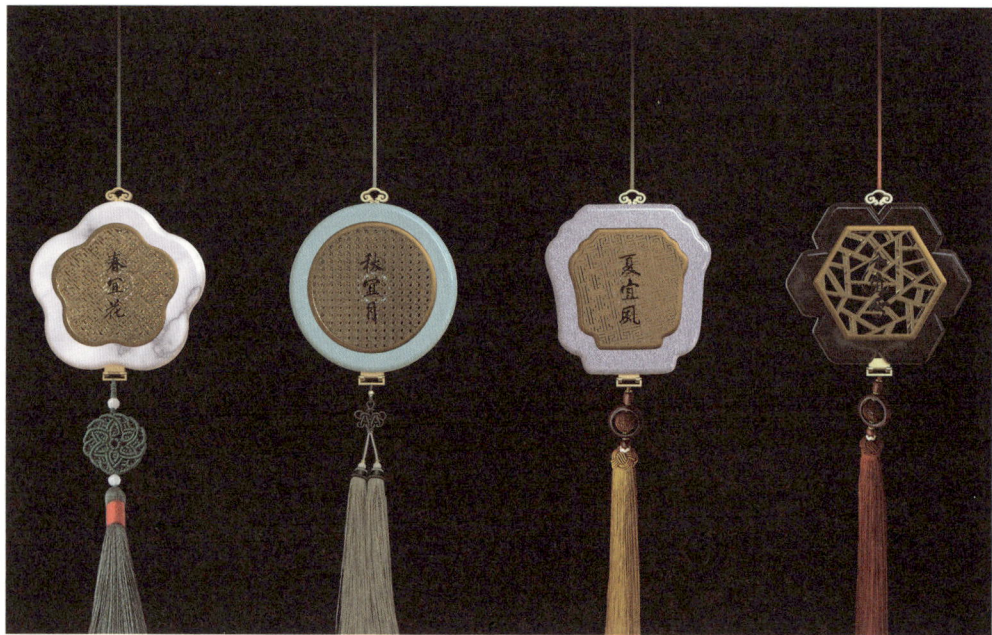

图3-25　"四宜芬芳"香氛挂饰　周帅文创设计团队

【 第二节 】 文物衍生品设计开发原则

一、功用为先原则

实用功能是人类造物的本质要求，也是所有设计行为的重要基础。不以功用为先的设计行为是伪善的，也是脱离人民群众的。早在包豪斯时期，就有大批的设计大师在用大量的设计实践来倡导功能主义、实用主义。在当代中国，也有设计学者高举"设计为人民服务"的大旗，其本质还是在呼吁设计要服务于日用生活，服务于人民大众的功用需求。尽管随着我国人民物质生活质量的提升，人民的生活从柴、米、油、盐、酱、醋、茶走向了琴、棋、书、画、诗、酒、茶，但人民对产品和设计的功用需求从未改变，实用功能依然是日用生活的第一考量，只不过这种功用需求融合了新时代下人民对文化内涵和个人价值的追求而扩大了功用的范围。对于文物衍生品而言，其开发与设计的目的在于借产品之手段，将文物文化融合于百姓生活之中，实现文化推广、文化浸润之作用。而与人民生活距离最近的其实就是那些具有实用功能的日用产品，所以文物衍生品的设计开发一定要以功用为先，这既是产品设计的本质要求也是文化推广的切实需求。

二、绿色环保原则

早在20世纪60年代，著名设计理论家维克多·帕帕奈克（Victor Papanek）就在其著作《为真实的世界设计》发声："设计应该认真考虑有限的地球资源的使用问题，并为保护地球的环境服务。"后来，维克多·帕帕奈克再次在其著作《绿色律令：设计与建筑中的生态学和伦理学》表示："设计应该成为人类的需求、文化和生态之间的桥梁。"由此，绿色设计逐渐成为国际设计潮流并影响全球设计行为，绿色设计的"3R"原则——减少环境污染、减少能源消耗，产品和零部件的回收再生循环或者重新利用成为当代设计的普遍共识。文物衍生品设计与开发也需要遵循此原则，要以可持续发展观为指导，在选材用材上要注重绿色环保，尽量选择可再生资源、可降解材料。在设计上要务求扩大产品的使用周期，避免浪费。同时，值得强调的是，文物衍生品大多数都是与人民生活衣食住行关联甚密的产品，因此在产品开发设计中一定要保证材料安全，设计安全，尤其面向少年儿童群体的产品一定要确保产品的安全、健康和可靠。

三、创意突出原则

文物衍生品属于文化创意产品的一种细分类型，因此创新性是文物衍生品的必要属性。同时，文物衍生品开发的本质是一种产品的设计创新行为，故而文物衍生品的创意性就更加重要了。在众多的产品中，文物衍生品承载了文物文化而扮演着文化推广与教育传播的"使者"角色，如何在众多的同类型产品中脱颖而出而为人所青睐？创新性强、创意突出在其中发挥着重要作用。创意突出的文物衍生品不仅需要产品形式的创新、产品品类的创新，更需要的是基于文物文化背景与文化元素以一种巧妙的方式融合于现代产品之中，从而提升产品使用的趣味性、文化性、体验性和教育性。尤其是随着移动互联技术、VR技术、AR技术的发展，文物衍生品也不仅仅局限于实体产品本身，一系列交互型、体验型的线上产品逐步进入到人们的生活之中，在扩大其产品外延的同时，也开辟了更加无限的创意空间。同时需要强调的是，文物衍生品在创意过程中也要契合时代，在风格上要与时俱进，甚至要开发一些"潮品"，来满足当下年轻人的时尚需求。

四、尊重文化原则

如前所述，文物衍生品来源于文物，脱胎于悠久的历史之中并孕育在千年的文化积淀下，具有强烈的文化属性。而文化具有独特性，不同的民族、时代、地域都会呈现出不同的文化样态，也就会有不一样的文化认知。所以，文物衍生品的设计开发要高度重视文化并高度尊重文化，一定要在充分了解文物及其所处时代背景、文化背景的深厚基础上，在尊重历史文化的前提下面向现代人进行产品开发。一方面，要务必避免文化禁忌、民族禁忌而开发出徒有其表且违背文化共识和情理的产品。例如，中国文物有很多来源于古代贵族的祭祀用品和陪葬器物，在此类文物进行衍生品开发时就需要进行充分的调查研究，要仔细选取适合开发的元素开发适合的产品。另一方面，文物衍生品的开发要尊重历史事实，不能歪曲历史、胡编乱造、牵强附会，设计开发的全过程要有文化、历史专家全程把控，以免给用户带来错误引导。再一方面，文物衍生品的开发要兼顾严肃性和趣味性，不能泛娱乐化，走娱乐至上的开发路线。

五、适度开发原则

适度开发原则是新时期下针对产品设计过度开发而提出的一种全新的设计思想。中国艺术研究院美术研究所刘佳研究员曾多次强调适度设计的重要性，认为"适度设计不仅具有环保意义，能够有效避免资源浪费，促进可持续发展。同时还具备社会意义，能够避免消费主义肆虐，倡导健康的生活方式和绿色的消费模式"。对于文物衍生品而言，也需要在适度开发原则的束缚中发展。首先，要避免为设计而设计，为促销而设计，为盈利而开发，文物衍生品开发的文化推广的公益性要摆在首位。其次，文物衍生品要适度装饰，要迎合现代多样的生活方式。再次，文物衍生品务求小而精，要配合博物馆主题式的展览或活动进行小批量的生产，避免陷入"产品过剩—产品陈旧—产品滞销—产品浪费"的怪圈。

六、系统分层原则

文物衍生品在开发过程中要注重系统分层原则。所谓系统原则就是指文物衍生品开发要注重套系产品的开发，原因在于单一的产品一方面不能够全面承载文物元素，不能够充分表达文物故事，不能够形成产品体量进而产生文化传播的"场"，难以吸引到人们的关注点，也难以延续人们的趣味性。而分层原则则是指文物衍生品开发要提供"多方面、多层次的设计方案，满足不同消费者的需求，开发出不同价位、不同档次的产品"[1]。一般情况下，文物衍生品可开发为三个层次的产品，高档文物衍生品主要用于收藏，是文物的复制品或衍生的高档礼品，是具有收藏编码限量产品。中档文物衍生品属于生活雅品，是以文物为原型开发的气质高雅，兼顾实用与美感且富有意境与情趣的文人雅器，能够提升生活品味和格调的产品。低档文物衍生品则是以趣味性、教育性、特色性和纪念性为特征的产品，此类产品创意十足、精致便携、价格亲民，是文物衍生品品类最多、覆盖面最广的产品类型，也是文物衍生品的主体。

---

[1] 周承君，等.文创产品设计［M］.北京：化学工业出版社，2019：57.

満暎帶左右引以為流觴曲水

列坐其次雖無絲竹管弦之

盛一觴一詠亦足以暢敍幽情

是日也天朗氣清惠風和暢仰

觀宇宙之大俯察品類之盛

所以遊目騁懷足以極視聽之

娛信可樂也

第四章

【文物衍生品设计开发的新技术手段】

概述

随着时代的发展，技术的进步，各大博物馆陆续构建文物数字化全息档案库，推出线上文物展览，开发优质文物衍生品等，文物资源数字化、文物管理信息化、文物展示网络化成为新的发展趋势，并呈现出勃勃生机与无限潜能。对于文物衍生品设计开发而言，以文物数字化为主的新技术手段通过持续的软硬件迭代发展，不仅有力提升了文物衍生品创意设计，成型打样的质量与效率，还大幅降低了文物衍生品的创作开发的门槛，更丰富了文物衍生品的呈现形式。

【 第一节 】 创意设计的新数字技术手段

一、三维扫描技术

文物数字化建设是实现文化资源长久保存与文物资源综合应用开发的基础性工作，而文物数字化建设的关键在于数字扫描技术的实施。三维扫描技术最初应用于工业领域，承担数据测量和工程逆向开发等工作。随着技术的发展和设备成本的降低，三维扫描技术的应用领域也逐步向艺术和文博领域扩展，并在文物保护、文创开发等具体工作中得到普及应用。

三维扫描技术是通过应用三维逆向成像的方法来对文物进行表面、结构等空间坐标信息进行数据采集，形成点云数据（即带坐标信息的点的集合）。三维扫描技术的三维逆向成像方法一般分为三类，一是传统的接触式测量方法，如三坐标测量机；二是无接触测量法，如投影光栅法、激光三角形法、全息法、深度图像三维测量法等；三是逐层扫描测量方法，如工业CT法和核磁共振法、自动断层扫描法等。不同的场合需要应用不同的数据采集方式。由于文物的珍贵性和特殊性，为避免文物受损，技术人员往往会采用非接触式的扫描测量方法进行数据采集。由于此种数据采集方式，通常不带有文物纹理信息或文物纹理信息失真达不到数据留存要求，因此还要通过二维影像数据采集作为补充。而应用二维影像数据重构又需要三维数据的尺寸精度做匹配。

一般情况下，文物的数据采集工作流程包含前期准备、数据采集、数据处理、纹理映射、数据审核以及成果提交六个步骤。前期准备是对文物采集项目的实施方案制定、技术路线拟定、设备配置和校准、场地布置、人员配置。数据采集是应用设备进行三维数据采集和二维影像数据采集（图4-1）。数据处理是对文物数据进行影像数据处理、点云数据处理、网格模型数据处理等。纹理映射是利用采集好的二维影像纹理照片对已经拟合好的文物三维网格数据进行表面纹理映射贴图，一般分为自动纹理映射贴图和手动纹理映射贴图，具体包括研究级模型制作和浏览级模型制作。数据审核是对文物数据模型进行质量检查、命名规范检查、制作数据检测报告（检测报告包含复制级模型数据报告、原始模型数据报告、研究级数据报告）。

成果提交是将完成的文物数字化资源（包括完整数据及检测报告）进行提交。

图4-1　工程师利用三维扫描仪进行非接触作业　张葛

三维扫描技术能够为文物衍生品设计开发收集到重要的文物数据资料，有助于设计师从中选择并提取相应的部件、结构和元素来进行衍生化的产品的开发，不仅大大降低了开发过程中建模难度，提升了产品开发的效率，也给文物衍生品提供了原汁原味的文物元素（图4-2）。

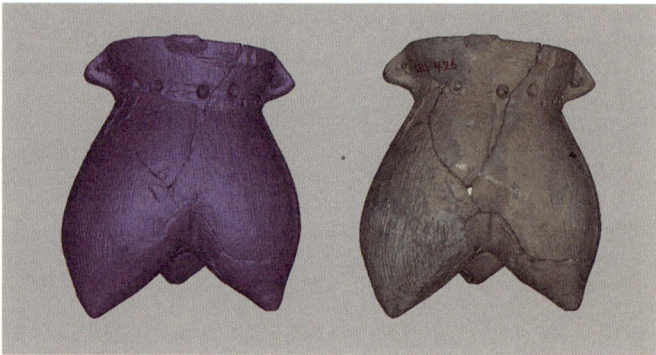

图4-2　三维扫描数据及细节展示　张葛

二、软件应用技术

文物衍生品开发的核心环节是创意设计，该环节需要设计师充分应用设计开发软件来进行创意的表达。随着时代的发展，文物衍生品的设计创新技术得到了全方位的进步，绘图类、建模类、精雕类、渲染类软件应用越来越多，并且在计算机技术、移动互联技术的助力下，设计软件的载体得以拓展，为文物衍生品设计师提供更加精准、多元、便捷的设计开发工具。

（一）传统PC端的设计开发新技术

1.ZBrush软件的应用技术

文物衍生品不同于普通的工业化的产品设计开发，文物衍生品是在文物本身的形制特点下，通过融植相应的文物元素而设计开发的衍生产品。有相当体量的古代文物是传统手工艺的承载，其形制精美、做工复杂、装饰性强，因此，如何将精美、复杂的文物部件、元素生动精准地构建成三维模型，并"移植"在现代产品上，成为文物衍生品设计开发的难题之一。ZBrush 软件的出现，恰为文物衍生品设计开发的复杂模型建立提供了极大的便利。

Zbrush 软件是一款三维数字雕刻和绘图软件，该软件不同于以往的三维建模软件的构建逻辑，不需要掌握复杂的 Polygon 建模技术，设计师应用该软件更像是通过计算机等设备平台完成虚拟艺术品的塑造，设计师只需要在"几何体"所构建的基础模型形体上进行"材质"的增与减就可以将自己的设计创意进行表达。ZBrush 软件不仅能够完成 10 亿个以上的多边形模型的雕刻与制作，其拓扑工具也能够有效地将"高模"输出为"低模"以方便模型的应用。同时该软件还具备顶点着色功能，能够较为轻松地在模型表面附以材质并绘制纹理和贴图。随着软件技术的持续迭代，Zbrush 增加了多种便捷搭建模型的方式（如网格雕刻、Z 球搭建以及布尔运算等），集成了丰富的资源储备（包括模型、笔刷、材质等）。张葛设计开发的文物衍生品"狮头戒指"就是应用 Zbrush 软件设计制作的（图 4-3）。

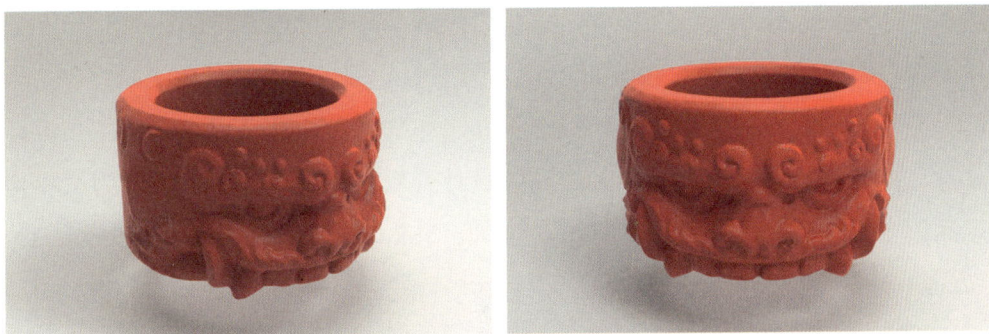

图 4-3　应用 Zbrush 软件设计制作狮头戒指　张葛

2.JDSoft ArtForm 软件的应用技术

JDSoft ArtForm 软件是我国北京精雕集团基于 JDSoft SurfMill 软件平台为基础自主研发的一款专用于艺术化曲面（虚拟浮雕）设计与五轴精密加工的 CAD/CAM 软件，既方便创意设计开发也方便生产加工制作。该软件拥有平面设计模块、几何曲面造型模块、逆向扫描建模模块、网格模型分模模块、2.5 轴至 5 轴加工模块等，具有丰富的雕塑工具、灵活的笔刷工具、快捷的功能命令（如仿制图章、批量祥云等）、精确的三维网格造型、逼真的虚拟雕塑渲染等功能，能够轻松完成浮雕数据的设计、编修，有效提升设计工作效率。

JDSoft ArtForm 软件的应用能够为浮雕类的文物衍生品设计开发提供极大的便利，文物衍生纪念币、纪念牌、工艺品、装饰品以及复制品等都可以应用此软件进行设计制作（图4-4）。

图4-4　应用JDSoft ArtForm软件设计制作的雕漆冰壶　朱家印

（二）平板电脑端的设计开发新技术

平板电脑是以高分辨率的触摸屏幕配合手指或触控笔进行操作与信息输入的微型计算机，是介于智能手机和计算机之间的一种现代电子产品，具有高度的便捷性、便携性、交互性，是人们生活、娱乐、学习、工作的重要工具之一。当前，平板电脑也逐渐承担起当代设计创新工作的部分内容，成为越来越多设计开发软件的全新载体，并凭借其高超的设计开发性能和便利性逐步成为文物衍生品创意设计的重要工具，如 Adobe Sketch、SketchBook、ArtRage、Procreate、Nomad 等设计应用软件深受文物衍生品设计师的喜爱。

1.Procreate软件的应用技术

Procreate 是当下文物衍生品设计师较为偏爱的数字绘图应用软件/工具，被广泛地应用于平面类文物衍生品的创意设计、产品类文物衍生品的效果图制作和体验类文物衍生品的动图、简单动效制作。Procreate 充分运用了平板电脑与触控笔的优势，具有操作方便，使用灵活，便携便捷等特点。其拥有相较于传统制图软件更为简洁的用户界面和丰富的笔刷工具，具备触屏手势等快携操作功能，具有 3D 绘图的功能，并应用先进的图形引擎和计算方法给设计师流畅的绘制体验。该软件不仅可以输出 PSD、PDF、JPG、PNG、GIF 等格式文件，还能够录制绘制视频，生成文物衍生品设计开发的创新档案。周帅文创设计团队开发的昆仑关战役插画、Q版《韩熙载夜宴图》及其衍生产品等多件平面类文物衍生品设计都是应用Procreate软件完成的（图4-5）。

图4-5　应用Procreate软件来完成的Q版《韩熙载夜宴图》
周帅文创设计团队

2.Nomad软件的应用技术

Nomad是一款平板电脑的雕塑建模软件，其功能和传统PC端建模软件3Dmax、ZBrush相类似，具有"黏土""平滑""遮罩""展平""雕刻""切割"等较为完整的数字雕刻工具，兼具多种材质、灯光系统及PBR渲染功能，并结合细腻的压感效果、图层和动态网格等功能，给设计师提供了很好的雕刻体验。

由于Nomad软件是以轻量化、便捷化作为应用优势而设计开发的，所以只能够完成小型三维模型的制作，难以承担大体量、高精度的模型雕刻。因此，文物衍生品设计师通常会应用此软件设计制作一些小型的手办文创产品，如虎头枕文物衍生手办（图4-6）。或雕刻一些

图4-6　应用Nomad软件设计制作的虎头枕文物衍生手办
周帅文创设计团队

"小而精"的文物元素三维模型来作为文物衍生品的部件，并配合其他的三维软件（如Rhino、3Dmax等）进行完成产品的设计开发，起到画龙点睛的作用。如文物衍生品"狮韵"茶具（图4-7），茶壶上的狮头壶嘴和莲花壶钮都是应用Nomad软件制作出来的。

图4-7　应用Nomad软件设计制作的"狮韵"茶具
周帅文创设计团队

【 第二节 】　成型打样的新技术手段

　　文物衍生品创意设计之后的重要环节就是成型打样。成型打样是指在没有开模具的前提下，以经济节约、快速高效的方式，根据产品设计方案、外观图纸或结构图纸，通过手工、半手工或机器加工的方式制作一批工业样品，来查找产品的缺陷，验证产品可行性并进行修改完善，为产品定型量产提供充足的依据。

　　成型打样按照制作方式的不同，可分为手工首板和数控首板。手工首板主要工作量是通过手工制作来完成，如油泥模型制作等。数控首板则是通过数控加工的方式来完成，根据所用成型设备类型的不同，又可分为快速原型制造首版（Rapid Prototyping，简称RP首板）和数控加工中心首版（Computerized Numerical Control，简称CNC首板）。

一、3D打印快速成型技术

　　3D打印技术是一系列快速成型技术的统称，是基于叠层制造原理，由快速原型机（即3D打印机）在X、Y轴坐标方向上生成产品的截面形状，从Z轴坐标进行层面厚度位移，以此来一层层地堆积增材，最终实现产品成型。通常3D打印设备是由控制组件、机械组件、打印头、耗材和介质等架构组成，需要通过计算机或其他设备输入三维模型数据，并在设备中添加耗材后再进行打印输出。根据3D打印成型的工艺技术特点，可分为熔融沉积成型、光固化立体成型、选择性激光烧结成型、三维印刷成型等。

熔融沉积成型工艺是通过加热头把热熔性材料（ABS，PLA，POM）加热到临界状态，使其呈现半流体状态。加热头在软件控制下沿3D打印切片软件确认的二维几何轨迹运动，同时喷头会将半流动状态的材料挤压出来，材料瞬时凝固形成有轮廓形状的薄层并逐层叠加形成实体模型。由于该工艺的成型原理较简单、技术门槛不高、耗材类型丰富、成本相对较低、后期处理简单、精确度有限，因此，被广泛应用于简单文物衍生品的成型打样。

光固化立体成型工艺是通过紫外激光按切片数据效果将液体树脂进行固化形成固体层片，再通过升降工作台移动一个层片厚度的距离再进行下一个层片的固化。新旧固化层彼此牢固黏合在一起，如此循环往复，直到整个产品模型制造完毕（图4-8）。由于该工艺能够呈现较高的精度和较好的表面质量，因此被广泛应用于形制较为复杂的文物衍生品的成型打样。

选择性激光烧结成型工艺是通过强功率的激光将塑料、陶瓷、金属或其复合物的粉末进行烧结成型。应用此种成型工艺，产品具有高强度、高韧性的特点，但精致度稍差。

三维印刷成型工艺也被称为黏合喷射、喷墨粉末打印，与传统的二维喷墨打印相接近，是通过喷头喷出的黏结剂将各种颜色粉末黏结成整体来制作模型。此

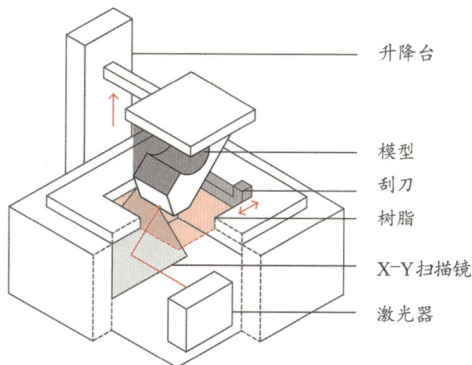

升降台

模型
刮刀
树脂
X-Y扫描镜
激光器

图4-8

图4-8　Form3（SLA）成型原理及成品效果　张葛

种成型工艺虽然精度不高，但可以承载颜色信息，因此被广泛应用于色彩丰富的文物衍生品的成型打样。

二、数控加工成型技术

如果说3D打印是一种增材式的成型技术，那么数控加工则是一种减材成型技术。数控加工成型是根据产品的CAD图纸，通过数控机床将热熔性材料、聚酰胺材料、金属等材料加工成实物样件。其优势体现在它的超高精度，通过表面喷涂和丝印后，其样品表面效果能达到镜面效果。数控加工成型的基本流程：前期准备、数据准备、CNC加工、检查、组装、后期处理、校检交付产品等。数控加工成型通常按照加工轴的数量来进行分类，一般分为三轴数控加工、四轴数控加工和五轴数控加工（图4-9）。通常轴数越高，加工自由度越多，承担的成型任务复杂度就越高。

三轴数控加工一般指"上下、前后、左右"三条不同方向直线运动的轴，三轴一次只能加工一个面，加工速度快，生产效率较高，适用于平面浮雕类的文物衍生品成型。

四轴数控加工则是在三轴的基础上增加一个水平360°的旋转轴，适用于圆雕类的文物衍生品成型。

五轴数控加工是在四轴的基础上再增加一个立面360°旋转轴，可以实现产品的全面加工，能够有效减少装夹成本，减少产品刮伤碰伤，适用于造型复杂、多角度镂空的文物衍生品成型。

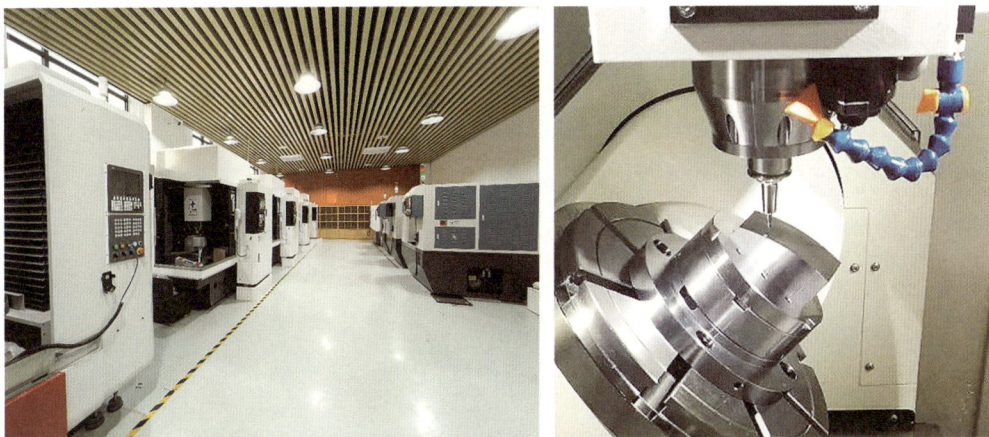

图4-9 CNC加工过程 张葛

【 第三节 】文物衍生品设计开发应用新技术的现实意义

　　文物衍生品的设计开发是借助现代设计工艺和技术手段来述说传统故事、传递文物文化、彰显民族精神。因此，文物衍生品是传统与现代的融合，既需要潜心研究历史，认真挖掘文物元素来继承精神、推广文化，也需要与时俱进应用新技术来更好地创新产品、服务人民。新技术手段的应用有效助力了文物衍生品的精准化、高效化、多元化开发。

一、助力文物衍生品精准化开发

　　文物衍生品开发作为"让文物活起来"的重要方式之一，需要在深入挖掘文物所承载的文化属性、历史价值，深入了解文物的形制、结构、色质、特点的基础上，尽可能提取文物元素并生动精准地应用在现代产品上。然而，传统的文物元素获取方式相对匮乏且复杂，尽管设计师可以通过查阅文献图片、调研博物馆等多种途径来进行元素获取，但依然难以对文物进行全面直观的了解。如在博物馆调研中，调研者受制于观察角度、距离的限制，因此难以全面细致地了解文物信息，提取相应元素。

　　三维扫描技术的应用能够在不破坏文物的前提下对文物的外表特征进行数字

化还原，通过三维预览软件能够对数字化文物模型进行全方位的观览。在保证文物所承载的文化内涵客观性的同时，还提高了观览的便捷性、全面性和精准性。在三维扫描技术的助力下，大量的文物数据被收集并形成珍贵文物数字资源库，文物数字化资源也逐渐成为各个博物馆学术研究、文化宣传、线上展厅、文物衍生的宝贵资源。文物衍生品设计师也因此可以全面感知文物，能够更加精准化地开发文物衍生品。

二、助力文物衍生品高效化开发

在新技术手段的加持下，文物衍生品设计开发效率大为提升。一方面，新技术手段有效避免文物衍生品设计开发的时空限制，文物衍生品开发工作可以在移动互联技术的支持下实现跨地域的设计协作；线上调查、线上问卷等多种方式节约了调研的人力成本，并扩大了调研的范围。另一方面，新技术手段有效提升文物衍生品创新设计与制作效率，大数据技术的应用能够有效助力用户调查工作，帮助设计开发快速、准确地进行产品定位；依托互联网技术和生态而衍生出的"众筹""众创"能够开源设计创意，孵化优秀设计；多种、多端的软件协作让设计开发变得游刃有余；计算机技术能够帮助设计师随时随地记录设计灵感，表达设计创意；数字成型技术的应用让设计验证环节充分压缩了时间。

三、助力文物衍生品多元化开发

新技术手段的应用促进了文物的数字化转化，使其成为可不断增值、持续发掘转化利用的宝贵资源。基于文物的数字化资源，文物衍生品走出"产品"本身的物质束缚，实现了多元化的发展，并获得了广阔的发展空间。在VR技术、AR技术、新媒体技术的加持下，文物数字化资源得到充分利用，大量体验式、沉浸式、虚拟式的文物衍生品被开发出来，受到了社会的广泛欢迎。如AR+故宫日历就给用户带来全新的产品使用体验，借助科技手段，用户可以通过手机扫图的方式进行文物360°的欣赏品鉴与互动，在大饱眼福的同时获得更为真切的文物知识体验（图4-10）。

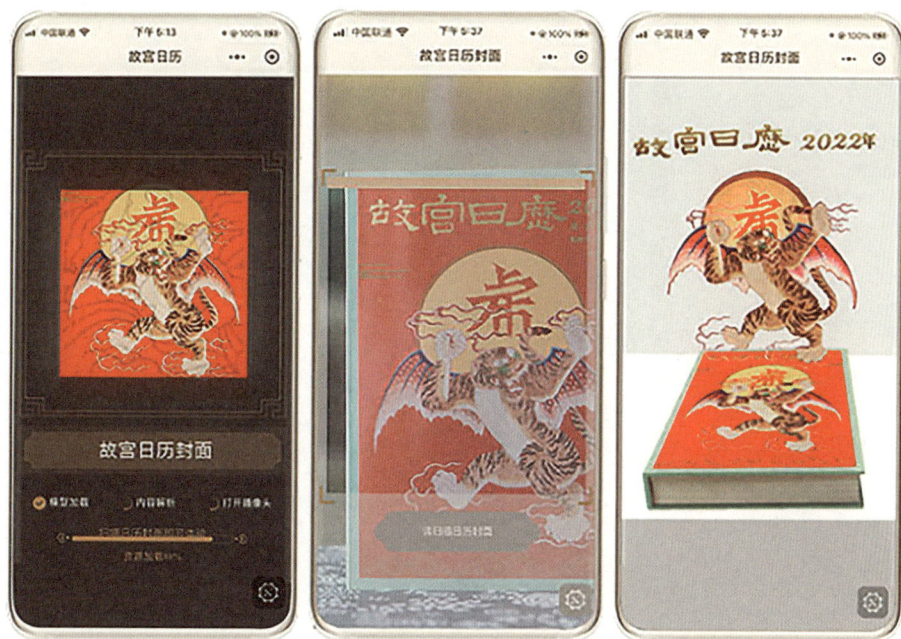

图4-10　AR+故宫日历　故宫文创

第五章

【文物衍生品设计开发的流程】

概述

当前，文物衍生品发展势头十足，越来越多的博物馆设立了专门的文创设计部门，但大部分的文物衍生品设计方案还是依靠外部企业进行实施。也就是说，文物衍生品项目多为甲方（博物馆）委托乙方（文创设计企业）进行设计开发，基本上属于B2B模式。

文物衍生品设计开发作为一项工作，可按照工作过程六步法（获取信息—制订计划—做出决策—实施计划—过程控制—评价反馈）将其分解为『接受设计任务—开展创意设计—进行设计决策—组织设计实施—开展设计展示—收集设计评价』六个环节。

【 第一节 】 接受设计任务

接受设计任务是整个文物衍生品开发中的关键步骤，是获取文物衍生品开发主题、开发目的、开发要求、开发范围、开发成本、开发受众等信息的重要渠道。只有清晰地了解和分析甲方的设计任务信息，才能最大程度开发出兼顾甲方诉求与消费者需求的理想型产品。当然，不同的甲方单位对设计任务的各项信息的传输和要求也不尽相同，信息的详略程度也各有差异。这也就要求设计师在接受设计任务时，一方面要有效沟通，充分获取更多的信息和要求，另一方面也要抓住设计任务的核心，诸如设计主题、设计目的等。因此，此步骤需要设计师具有优秀的语言沟通能力、信息获取能力、信息整合、输出能力和项目管理能力。

一、文物衍生品开发任务获取

接受设计任务的渠道有很多，有的是甲方直接传输的设计任务文件，有的是从网上获取的设计方案征集公告，有的是客户直接的言语要求。尽管渠道不尽相同，但都需要设计开发方进行收集信息、沟通了解、信息确认的充分准备。

首先，要充分收集信息，填写《文物衍生品设计开发任务书》（表5-1）。反复研读甲方的设计任务信息，将信息按照设计主题、文物信息（名称、相关介绍、图片）、开发规格、理想产品范围、受众群体、价格定位、生产体量、材质要求、工艺需求、设计提案交付时间、备注等条目进行整理。

其次，要充分沟通了解，补充《文物衍生品设计开发任务书》。在收集信息的过程中难免会有一些设计要求存在表述缺失、含糊不清、难以研判的情况，这就需要设计开发方以座谈、回访、电话咨询等方式围绕必要设计信息和重要设计要求进行充分沟通，确保信息准确、要求明确、理解充分，并及时有效补充好《文物衍生品设计开发任务书》。

最后，要及时进行信息确认，签署《文物衍生品设计开发任务书》。在信息收集完成后第一时间要将《文物衍生品设计开发任务书》交由甲方复核、补充，在双方确定任务书相关信息无误的情况下签字，并交由设计总监组织文物衍生品设计开发项目管理。

表5-1　文物衍生品设计开发任务书

设计委托单位		
设计要求信息原文		
设计主题		
文物名称		
文物介绍		
文物图片		
开发规格		
理想产品范围		
受众群体		
价格定位		
生产体量		
材质要求		
工艺需求		
设计提案交付时间		
备注		
委托方确认签字		设计总监签字	

二、文物衍生品项目管理

文物衍生品作为设计开发企业的具体项目之一，必然会在企业管理制度下进行，考虑到时间、资源、成本、技术、材料、工艺等诸多方面的制约，需要对文物衍生品开发项目合理规划、组织、协调、控制，进行一系列管理活动，使项目能够在各种限定条件下有序推进并完成相应的开发任务。在整个项目过程中一般涉及四个维度的管理，分别是管理准备、管理规划、项目评估和团队管理。

（一）管理准备

文物衍生品项目的管理准备是项目成败的关键所在，具体包括组建项目团队、项目前期检查、编制规划书。组建项目团队就是确定设计项目经理领衔的设计师团队。文物衍生品项目不同于其他的产品设计，其产品内涵的文化性、产品更新高频性就决定了项目设计团队必须具有一定的文化底蕴、丰富的文创实践经验。尤其是设计项目经理要了解文物，深谙文物衍生品的主题内涵；了解客户，全面领会开发要求和开发意图；了解设计师，有效整合、协调各方人力资源；了解设计语言，有效发挥"桥梁"作用，促进设计沟通等，具体设计项目团队职责与能力见表5-2。项目前期检查主要是针对开发企业内部现有的设计资源进行评估，具体包括回顾历史项目的成败经验；检查项目设计的不足之处；复核设计项目团队开发能力和职业素养。编制规划书是文物衍生品项目管理准备的关键环节，一个科学合理、明确细致的规划书能为整个设计开发工作指明方向和目标，大大降低设计项目的风险值，促进设计团队的角色进入和高效协作并能够间接地积累设计项目的管理经验和开发经验。

表5-2　文物衍生品设计项目团队职责

设计项目团队			
设计项目经理	职责	1.编制文物衍生品设计项目规划书 2.选择设计师并组建项目团队 3.组织设计活动开展 4.对接其他部门工作	
	能力	1.具备基本的文物知识、深厚的文化内涵 2.具备优秀的理解能力、表达能力、沟通能力、组织能力、协作能力 3.具备主持设计项目的能力，长期规划的能力和项目评估能力	
设计师	产品设计师	能力	1.专业能力突出 2.具有文物衍生品的设计实践经验 3.具备优秀的执行能力、协作能力、沟通能力和理解能力
	视觉设计师		

（二）管理规划

文物衍生品项目的管理规划是设计项目团队中设计项目经理对文物衍生品设计项目在推进、执行过程中所进行的全面管理，其中最为核心的就是对设计规划的管理。一般情况下，文物衍生品项目的管理规划可以采用阶段分层式管理、流程开发式管理、品质监控式管理、日程任务式管理等。

（三）项目评估

文物衍生品项目评估是通过科学系统的项目检查工作来保障设计项目达到规划目标的有效管理手段。一般情况下，文物衍生品项目评估可划分为四个阶段分别为需求评估、前期评估、中期评估和终期评估。需求评估是围绕内外环境因素、市场情况、文物内涵而作出的评估，是对受众需求和文物内涵表达的判断，是确保项目定位精准明确有效，文化精神体现充分的关键。前期评估是对众多文物衍生品设计方案的评估，从中选取出最优、最适方案。中期评估是在文物衍生品项目设计方案确定后和项目生产图纸形成之前的一次针对项目设计细节内容而进行的一次评估。终期评估是在文物衍生品打样生产之后和批量生产之前所进行的一次评估。四次评估贯穿文物衍生品项目设计开发始终，能够第一时间发现项目过程中存在的问题并及时解决，从而大大降低项目开发的风险。

（四）团队管理

文物衍生品项目团队管理是确保文物衍生品项目高质量、高效率完成的关键所在，其目的是构建起多职能设计团队并实现有效运行。一个文物衍生品项目团队一般由7人左右组成，其中包括项目经理和特聘文化指导、产品设计师、视觉设计师、产品成型师等专业技术人员。项目经理作为文物衍生品设计开发项目的领衔人物，需要具备设计专业能力、团队管理能力、整体规划能力、整合应用能力，需要具有相应的管理权限，能够团结项目队伍，充分发挥团队成员的优势，化解团队矛盾和冲突，并通过合理的项目管理推进文物衍生品设计项目的顺利完成。设计技术人员是项目团队的主体，其人员构成要多元，各成员的专项能力突出且各具特色，具有共同的开发目标和协作精神，服从团队管理，能按照项目管理方案的进度完成相应的开发任务。在整个文物衍生品项目团队管理过程中需要注意三点，一是要给予项目经理足够的权限来支撑项目团队的管理；二是要让每个团队成员获得平等的参与感；三是要高度重视文化指导人员的意见，给予传统文化充分的尊重。

【 第二节 】 开展创意设计

　　开展创意设计是文物衍生品开发过程中的核心步骤，其中包括文物衍生品调查研究、市场定位、创意风暴、效果表达、展板设计五个环节，是按照现代设计方法对开展文物衍生品创新的重要过程，最终以设计提案的形式提供一系列的创意方案进行选择。

一、文物衍生品调查研究

　　文物衍生品调查研究是围绕文物、历史文化主题和同类型文物衍生品而进行的一种以信息收集、筛选、整理、探索、研究、发现和创意启发为主要内容的有计划、有组织的活动，其目的是为后续的文物衍生品设计进行文物信息的综合储备、创意发掘的内容储备和产品衍生的案例储备。文物衍生品的调查研究方法包括网络调研法、实地考察法、文献研究法、统计分析法等。

（一）网络调研法

　　按照文物衍生品调研实施的步骤，一般情况下最先使用的是网络调研法。网络调研法是利用互联网技术进行主题式信息挖掘的一种调研方法，因其具有信息采集便捷、调研成本较低、调研周期较短、调研监控及时等优势而成为文物衍生品"粗线"调研的一种必要手段，能够在较短时间内对文物的样貌特征、历史背景等信息进行整体的了解。通常情况下，文物衍生品网络调研常用的平台包括相关博物馆官网、百科类网站、中国知网、知乎、花瓣、站酷等平台。但由于互联网平台信息的冗杂性，会出现文物的数据有失精准、历史背景信息表述不尽相同、文化评论观点态度不一的情况，因此对于文物衍生品还需要进行进一步细致调研。

（二）实地考察法

　　实地考察法一般是在网络调研之后，调研人员在对文物本身有所了解的情况下深入到博物馆、展览馆或文物收藏、研究机构，对文物形态、样貌、质地、数据进行全方位的了解，同时对文物的历史文化背景、考证等明确性的研究成果进行广泛收集。在此环节中有两个关键，一是要充分把握文物形态，利用考察机会对文物器形线条的转折变化、质形意韵的整体风格、装饰部件的形色结构、图案文字的笔法韵味等进行全面的感知，并将感知过程中迸发出的衍生品创意灵感及时记录在速写本上。如果条件允许，经得官方许可，在不破坏、不危害、不影响文物的前提下，对文物进行3D扫描和数据采集。若条件不允许，可与馆方联系获取文物详细资料。二是要明确文物背景，要借助馆方资源，利用考察机会来明确对文物的认知，清晰了解文物的历史文化背景和器物类型、性质及其所属年代的使用方法和禁忌，以此来定位文物衍生品的开发范围。

（三）文献研究法

文献研究法是通过对文献的研究形成对文物及其相关内容科学认知的重要方法，也是文物衍生品调查研究必用方法之一。开展文物衍生品文献研究的渠道十分多元，包括图书馆、档案馆以及社科、教育等事业单位、学术会议等。此外，文献纪录片也是开展文物主题文献研究的一种便捷渠道。对特定文物的文献研究需要建立在实地考察环节所获取的文物准确资料的基础上进行展开，以文物为中心通过文献资料研究的方式，发掘与之相关联的文化象征、历史人物、历史故事、神话传说、诗词歌赋、书画艺术、流传经历等，并从中进行创意化迁移，形成文物衍生品的"创意种子"。

（四）统计分析法

统计分析法是针对同类型文物的衍生品进行产品类型、价格定位、特点提取、材质工艺、设计语言的数据性统计，能够清晰研判当下成功型文物衍生品的各种产品特征和创意特色，能够为后续的文物衍生品开发确定方向，提供开发成本、量产规模等一系列参考数据。

二、文物衍生品市场定位

文物衍生品市场定位是文物衍生品在开发之初运用商业思维进行市场需求的调查与研究，通过分析为文物衍生品选择相适宜的开发方向，在满足文物文化传播的同时让产品在预期市场中具备竞争力。文物衍生品市场定位是文物衍生品开发前期中的重要环节，能够起到重要的引领作用。有效分析和准确定位是产品成功设计开发的基础，能够为文物衍生品确立设计目标和开发方向，帮助设计师解决开发过程中的诸多关键问题。具体而言，文物衍生品市场定位包括受众人群定位、产品价格定位、产品特性（功能）定位和产品品质定位，统称为文物衍生品的四维定位。

（一）受众人群定位

文物衍生品的受众人群定位是文物衍生品市场定位的首要维度，回答了文物衍生品为谁而开发、为谁而设计的两大问题。因此，受众人群的性别、年龄、收入、民族、生活习惯、消费特点、地域文化、文化禁忌等信息是需要在此环节明确了解的。受众人群定位所需要调研的内容和方向要根据文物、文化与地域等诸多方面的因素进行不同的设定。精准的受众人群定位往往能让后续所有的开发行为都牢牢把握住开发核心，让项目开发事半功倍。

（二）产品价格定位

"价格定位就是依据产品的价格特征，把产品价格确定在某一个区间，在顾客心中建立一种价格类别的形象。"❶由于文物衍生品是兼具功能、审美、文化教育与体验的产品，除了功能价值、审美价值外，还具有文化、体验的附加值，因此文物衍生品的价格定位是产品市场定位的关键维度。

（三）产品特性（功能）定位

文物衍生品的特性（功能）定位就是依据文物文化传播的需求、受众群体的需求，结合产品本身的特点，对产品的主要功能、特殊功能进行规划的过程，体现出文物衍生品的文化性和差异性。一般情况下，文物衍生品的功能定位可以参考产品价格定位来进行把握。高档文物衍生礼品要突出收藏功能、装饰功能；中档文物衍生品要兼顾日用功能、体验功能、教育功能；低端文物衍生纪念品则要牢牢把握日用功能，在此基础上融植趣味性和教育性。同时，产品的功能定位也要兼顾不同消费群体的功能追求和功能消费侧重点。

---

❶ 周承君，等.文创产品设计［M］.北京：化学工业出版社，2019：82.

（四）产品品质定位

文物衍生品的产品品质定位是文物衍生品市场定位中的重要维度，其目标不是在任何产品都选用最好的材料、工艺，而是追求品质、功能、价格的最优组合，致力于打造物优价适的文物衍生品。例如：功能定位于收藏的文物衍生品要追求产品的特殊性和价值感，可以选用贵金属材质通过高端工艺来体现精致感；功能定位于日用的文物衍生品要追求产品的经久耐用，需要考量材质的稳固性、耐用性；功能定位于即时性体验的文物衍生品，则需要注重产品的环保性，要选择可降解的材料进行开发，不必过度追求产品质量，避免造价过高和产品资源浪费。

三、文物衍生品创意风暴

头脑风暴法最早常用于广告开发活动中，后作为一种创造性的思维方法广泛应用在创意开发活动中。文物衍生品创意风暴是文物衍生品设计开发过程中常见的集体创意方式，一般通过会议形式，开发团队全部成员共同围绕文物衍生品的开发主题或开发对象——文物来进行集体的讨论和交流，在讨论与交流的过程中进行思维的碰撞，进而形成弥补调研漏洞—互相启发联想—构建发散思维—产生创意灵感的连锁反应。

（一）创意风暴原则

文物衍生品创意风暴的原则是文物衍生品头脑风暴过程中必须遵循的法则，具体包含自由想象原则、评价后置原则、数量优先原则和相互完善原则。

1.自由想象原则

所谓自由想象原则是要求参与头脑风暴的成员要摆脱思维束缚、思维定势、思维惯性，围绕文物主题开展不同层次、不同角度的大胆联想，提出独到的产品开发想法。

2.评价后置原则

所谓评价后置原则是指在文物衍生品头脑风暴过程中，要尊重并肯定每一个想法，避免消极评价影响思维碰撞的氛围与环境，避免打断创造构思的连续性。所有的评价都要后置于风暴活动后期。

3.数量优先原则

所谓数量优先原则是指在风暴过程中要鼓励尽可能多的进行创造构思，形成"量变产生质变"的效果。

4.互相完善原则

所谓互相完善原则是指在风暴过程中要及时记录每一个想法，以便后期进行创意提取和创意发散。在风暴结束后针对所有的创意思路进行互相的补充和整合，并从中筛选出有价值的创意点。

（二）创意风暴实施流程

文物衍生品创意风暴的实施流程包括准备阶段、明确阶段、碰撞阶段、确定阶段。

1.准备阶段

准备阶段又称为热身阶段。从平常状态进入风暴状态，需要有一个调整的规程，这时往往需要项目负责人或团队领导用轻松的活动方式将团队带入风暴的氛围中，活动可以是讲述故事、话题讨论、游戏活动等，旨在为成员的思维发散和畅所欲言创造融洽自由的环境。

2.明确阶段

明确阶段是要让全体成员明确风暴的主题和要解决的问题，如果主题或问题太大、太宽泛，可以将其分解为若干个小主题或小问题来进行开展。一般情况下，由项目负责人围绕主题进行简单介绍，并从不同维度进行适度剖析，并注重介绍的启发性和适度性，保证给风暴成员留有较为广阔的思维空间。

3.碰撞阶段

碰撞阶段是文物衍生品创意风暴实施的核心环节，此环节要注重团队的适时适度引导，避免风暴向闲聊转变，也避免人云亦云的情况发生，要保证全员独立思考、思维自由碰撞。

4.确定阶段

确定阶段是根据风暴思路集合利用集体智慧进行评价筛选，综合评价出最优思路进行进一步的完善，形成最佳创意方案。

四、文物衍生品效果表达

文物衍生品效果表达是基于文物衍生品调查研究、市场定位、创意风暴，针对已有的设计点进行文物衍生品设计创意表现的活动，包含设计草绘、设计效果手绘、三维建模与渲染三个环节。

（一）设计草绘

文物衍生品设计草绘是设计创意梳理、设计创意明确、产品形态及结构推敲的关键环节，一般由文物衍生品概念草绘、形态草绘和结构草绘三部分组成。文物衍生品概念草绘是设计师围绕设计创意点初步感受、思路的表达，同时也是设计师进行产品形态演变研究的必要手段（图5-1）。此环节往往使用黑色彩铅、单色圆珠笔进行产品基本形态的快速表达。文物衍生品形态草绘是选取概念草绘中的最优产品形体进行文物衍生品设计方案的具体准确表达，以草图的形式表达文物衍生品功能、结构、形体变化，并辅以相应的文字说明，使观者能够通过草图了解产品的大概形态和相关功能组成。文物衍生品结构草图是对产品或产品关键部件形体与结构关系、功能与结构关系的梳理与表达，通常由三视图、立体图进行呈现。文物衍生品设计草绘是为设计师自身服务的，因此草绘不需要过分拘泥于细节刻画和画面的整洁优美，关键在于在较短时间进行产品表达、设计感受快速记录和设计创意的推敲构思。

（二）设计效果手绘

文物衍生品设计效果手绘是在设计草绘的基础上进行细致地设计表达，此过

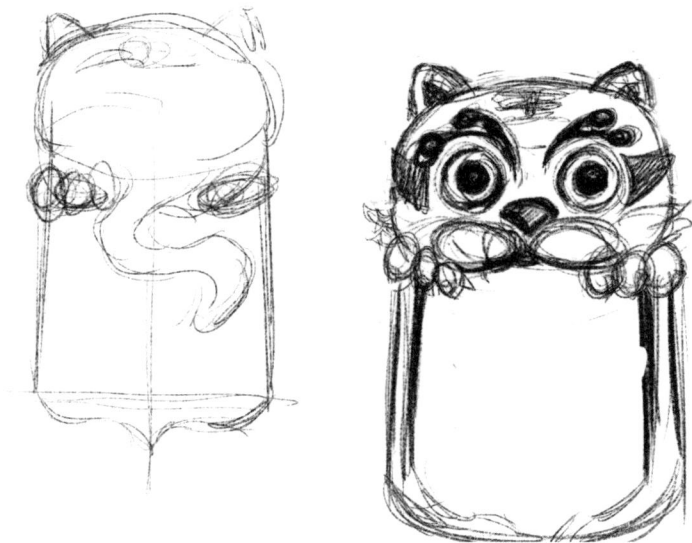

图5-1 "虎虎生威"系列文创产品设计草绘 周帅文创设计团队

程需要明确产品形态、产品结构、产品材质、产品色彩、产品细节和产品功能，以手绘的方式呈现出文物衍生品设计的最终样态，该环节既是对设计草绘的整理，也是客户进行设计表达的关键内容，更是进一步开展三维建模的基础，因此对文物衍生品设计效果手绘有较高的品质要求。一者需要多图配合，既要有立体的产品手绘图、多个平视角度的产品手绘图，同时还要具备关键部件、设计亮点的放大细节图。二者需要色质表达清晰，产品的材质、色彩都要通过手绘进行表现，尤其是主打色质的产品效果图更要进行逼真的绘制，非主打色质产品可以以小图形式体现在角落。三者需要必要的设计说明，设计主题、设计说明、必要结构的指示性文字要合理体现在画面中，做到不喧宾夺主但明确可懂。四者需要进行位置经营，文物衍生品设计效果手绘图其实也可以看作一个手绘版的产品展板和产品海报，需要设计师将诸多设计图文和信息内容进行组织和排布，通过富有形式感的板式设计来有序传输设计信息。

（三）三维建模与渲染

文物衍生品设计三维建模与渲染是参照文物衍生品设计手绘效果图，应用计算机三维建模软件和渲染软件构建产品模型并渲染生成模拟真实效果的产品形象（图5-2、图5-3）。在建模环节中要高度重视产品使用的合理性、科学性和

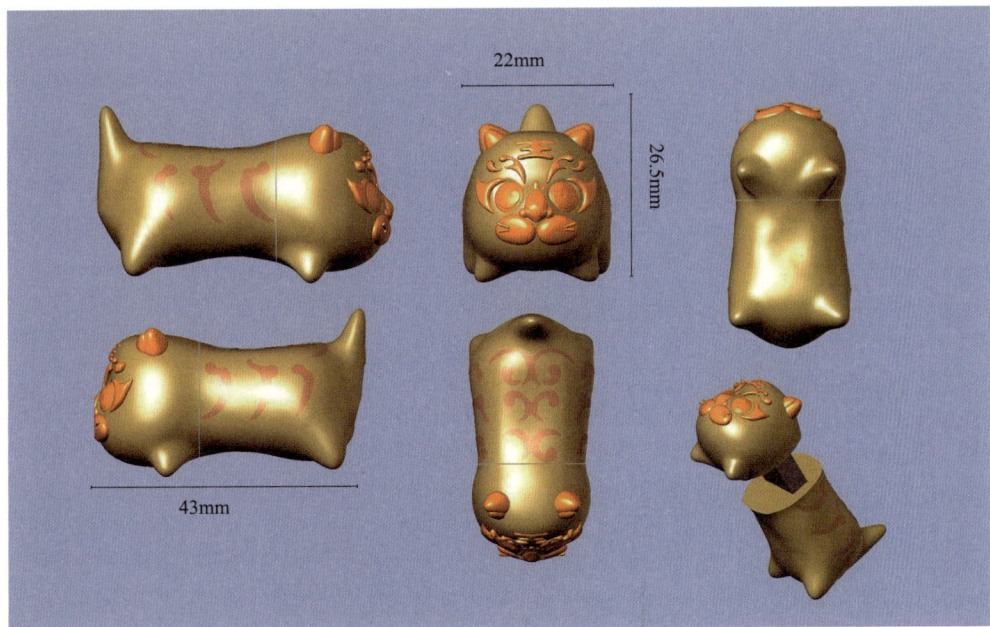

图5-2 "虎虎生威"系列文创产品设计建模 周帅文创设计团队

图5-3 "虎虎生威"系列文创产品设计渲染 周帅文创设计团队

产品本身的完整性,要对手绘稿所呈现的产品形象、比例做进一步的调整,对必要的转折和变化结合人体工程学进行改善。同时也要进一步强化细节,进行倒角、圆角等一系列的处理工作。三维建模常用的软件有犀牛(Rhino)、3Dmax、ProE、ZBrush等3D绘图软件,随着技术的发展,对于一些小而简单的产品模型可以通过iPad等平板电脑软件——Nomad、Shapr3D完成建模。渲染环节是文物衍生品效果表达的关键环节,通过应用KeyShot等软件来赋予三维模型以材质、颜色、光影等效果,呈现出逼真的产品视觉效果。在此环节中,设计师需要充分调试材质、环境、光线等来最大程度表现产品细节、产品质感和产品层次。同时渲染软件还能将渲染好的产品生成图片和视频文件,这为后续的文物衍生品提案展示提供了重要的素材。

五、文物衍生品展板设计

文物衍生品展板设计是文物衍生品创意设计的最后阶段,该阶段将依托渲染文件和手绘效果图进行一系列的展板设计。文物衍生品展板设计以文物衍生品为主体,以宣传展示、创意说明为主要目的,通过产品设计整体与细节展示、板式设计、作品名称及字体设计、设计说明等,对文物衍生品设计进行全面、准确的表达,给客户带来较为直接的设计感知,并能够通过一系列的产品宣传海报感受到商业开发的潜力(图5-4)。

图5-4 《八骏图》衍生文创纸雕灯设计展板　周帅文创设计团队

（一）整体与细节展示

文物衍生品的产品设计整体与细节展示基于产品渲染文件，应用Adobe PhotoShop、Adobe illustrator等平面设计软件来对产品细节和整体效果进行优化处理，如增加品牌标识、强化材质肌理、强化视觉张力等。最终处理生成与设计师的预设最匹配的产品效果图。

（二）板式设计

文物衍生品的展板包含设计效果图、作品名称、设计说明、细节图、三视图、工程图、设计来源、设计定位等内容，这就需要进行相应的版式设计来承载诸多内容。通常情况下，一个文物衍生品的作品提案由多版组成。首版为产品主视觉图（含作品名称、必要设计说明）具有提纲挈领之含义。中间数版分别承载设计来源、产品定位、使用场景、产品海报，内容越翔实越好。尾版为产品的产品细节图、产品爆炸图（结构复杂的文物衍生品）、产品使用图、三视图、工程结构图等。所有的展板板式的"骨架"要注重"和而不同"，既要注重整体的统一性，也要根据展示内容的不同而选用相适的构图形式（图5-5）。

（三）作品名称及字体设计

文物衍生品的作品名称的确定及其字体设计在文物衍生品展板设计环节尤为重要。一者，文物衍生品作品名称要高度契合文物主题，需要具有积极正面的价

107

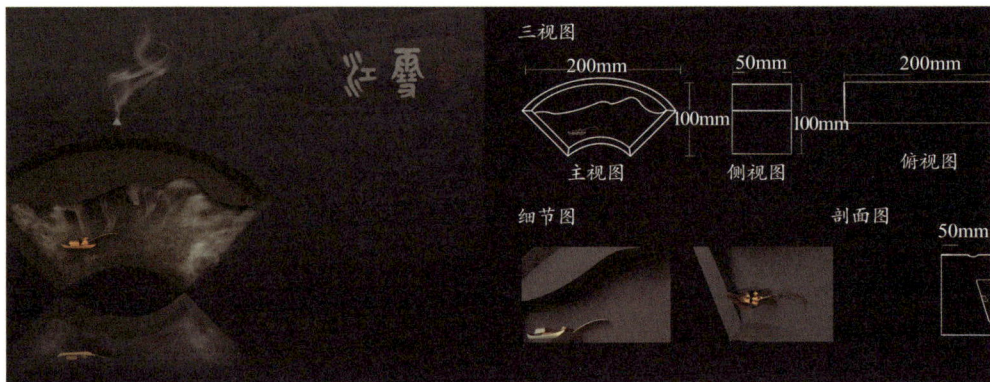

图5-5 "江雪"文创香薰产品展板设计 周帅文创设计团队

值取向，并且和产品本身具有一定的关联。好的文物衍生品作品名称往往具有一语双关或一语多关的效果，如周帅带领设计团队以文物"京剧服装靠"为设计主题开发的围裙文创产品就以"京京有味"来命名，既点出京剧文物的主题，又兼顾了文物衍生产品的属性（图5-6）。二者，文物衍生品作品名称的字体设计是展板设计的点睛之笔，要给予高度的重视。在字体设计上一定要与所开发的文物

图5-6 "京京有味"文创围裙展板设计 周帅文创设计团队

衍生品气质保持一致,尽量不要使用字库中的常用字体。

(四)设计说明

文物衍生品的设计说明是文物衍生品展板设计的必要组成部分,是对文物衍生品设计来源、设计创意、产品定位、产品材料、加工工艺、产品功能的介绍,一般在200字左右,必要时可以辅以相关的背景图像资料但不宜太多。设计说明的排布常置于展板下方或右下方,也可置于作品名称之下。但整个设计说明的编排要适宜,不要喧宾夺主。

【 第三节 】 进行设计决策

文物衍生品的设计决策,是项目开发过程中的一个节点式的环节。通常情况下,设计开发方会邀请甲方单位负责人参加设计决策会,为甲方进行文物衍生品的提案展示和设计汇报,最终由甲方主导共同选出设计方案。设计决策主要包含两个方面的工作,一是撰写设计提案报告工作,二是开展设计决策会工作。

一、制作设计提案报告

设计提案报告是以Microsoft Office PowerPoint、Keynote、Prize等演示文稿软件进行设计、组织完成的用以向客户展示的文物衍生品设计提案的汇报演示文件。通常情况下文物衍生品设计提案报告包含四个部分:一是文物主题调研报告,二是产品市场调研报告,三是设计方案展示,四是设计开发过程资料。

(一)文物主题调研报告

文物衍生品设计提案报告中的文物主题调研报告不是调研内容的直接复制,而是选择与后续文物衍生品设计方案相关联的调研内容进行总结性的罗列,目的是引出后续的设计方案,让设计方案有来源、有出处。

（二）产品市场调研报告

文物衍生品设计提案报告中的产品市场调研报告也不是市场调研报告的直接粘贴，而是重点围绕设计方案品类的同质产品、同类调研呈现和受众群体画像，以数据性的图文来展示细分的市场领域和具备的市场空间。

（三）设计方案展示

文物衍生品设计提案报告中的设计方案展示是最为重要的部分，通常情况下，每一个主题的文物衍生品开发项目都需要有多个设计提案（包含主打方案1～2个），每一个设计方案都包含设计来源、创意思路、市场定位、受众群体、产品效果、材质工艺、三视图、工程图、爆炸图、产品名称、字体设计、海报设计等内容。对于主打方案而言必要时需要以视频方式全面展示文物衍生品的设计构成，给客户带来更多的认识和了解。

（四）设计开发过程资料

文物衍生品设计提案报告中的设计开发过程资料是体现设计团队进行设计调研、设计开发、设计制作的证明性材料，能够对设计开发的全面性、有效性、科学性进行辅助证明。

同时需要强调的是设计提案报告要注重总结性、逻辑性和风格的统一性，一方面要内容准确、图文并茂，一定要对调研信息进行多方面考证，避免张冠李戴和牵强附会，切忌大段文字的呈现，做到图美文少、内涵充实。另一方面，设计方案的展示要注重条理性，合理布置表达内容，要让客户清晰地了解设计方案的来源、优势和特色。再一方面，设计展示文稿的设计要与文物主题、文物衍生品产品风格保持一致，通过字体设计、色彩设计、元素设计的统一化和衔接化来强化展示的整体感。

二、组织设计决策

文物衍生品设计开发的设计决策是依托设计决策会而开展的。对于设计方而言，具体包含三个工作步骤：会前筹备、会中展示、会后完善。

（一）会前筹备

会前筹备工作除了要进行文物衍生品设计提案报告制作的工作外，还包括在与甲方客户充分协商的基础上拟定会议方案、起草及审核会议通知、下发会议通知、落实与会工作人员、协调出席人员、预定会议场地、筹备会议展示文稿文件及决策文件、调试设计提案展示设备等。

（二）会中展示

会中展示的工作通常由项目负责人或设计师总监担任，要求展示与解说者全面了解项目并具备文物衍生品开发的深厚经验，能够清晰明了地进行设计方案的阐述，并准确专业地回答客户的一系列问题。同时，在展示过程中也要与客户保持良好的交流，密切关注客户想要了解的方面并做出及时详尽的解答，注意收集客户的反馈意见，为后续的设计方案优化和设计成型做好准备。

（三）会后完善

会后完善工作，一是及时总结归档会议资料，二是组织设计团队开展意见分析会，并根据客户意见第一时间完善优化设计方案，及时反馈给客户，在双方确定无误的前提下达成设计决策。

【 第四节 】 组织设计实施

设计实施是依据甲方的设计决策，在甲方设计意见得到落实、设计方案得到优化完善之后，经各方确认无误，对文物衍生品设计方案进行进一步落地开发的工作。其实质就是设计打样工作，将设计方案应用手工技术或工业技术进行模型制作，实现文物衍生品从设计概念到实体的转变。该工作具有三个维度的作用：一是能够直观地进行设计检验，对文物衍生品设计的形体、结构、比例、质色以及人机关系进行全方位的综合评价，及时发现问题并进行优化处理。二是为下一步的设计展示提供相应的支持，社会各界可以通过模型更好地感知产品、更直观地了解产品。三是能够实现低成本的市场评估，降低产品批量化生产的风险。

文物衍生品打样通常以展示模型的形式呈现。展示模型是应用塑料等低成本材料，通过人工制作或机器加工的方式，按照实际比例和规格生成与三维模型、设计效果图相一致的文物衍生品产品设计形态。并通过喷漆、着色、覆膜等后期处理工艺，模拟出产品的质感和效果，以此用于文物衍生品的外观设计展示。

通常情况下，简单的文物衍生品展示模型常使用纸、石膏、油泥、木材等材料进行人工制作完成。纸材种类众多、价格低廉、可塑性强，常用于文物衍生品包装设计和平面类、灯具类文物衍生品的展示模型制作；石膏成型性强、保质期久，可以通过后期雕刻进行造型开发，常用于手办类文物衍生品展示模型制作；油泥可塑性、稳定性较强，常用于表达形态动感、形体复杂的文物衍生品展示模型；木材质轻、色泽温馨、纹路流畅，易于加工涂饰，常用于积木类、玩具类、迷你古建类文物衍生品的展示模型制作。

对于结构复杂且大型的文物衍生品展示模型常借助现代数控加工技术来进行制作。随着技术的发展，3D打印技术在展示模型制作中发挥着越来越重要的作用，可以应用尼龙玻纤材料、石膏材料、耐用性尼龙材料、铝材料、钛合金材料、不锈钢材料、橡胶材料等，通过增材加工的方式来制作出各种复杂的形体，大大节约了制作成本，缩短了制作时间（图5-7）。

图5-7 "虎虎生威"系列文创设计的模型打样 周帅文创设计团队

【 第五节 】 开展设计展示

开展设计展示的目的在于观察市场和社会的反馈，获得设计评价。其主要是对文物衍生品设计方案和设计打样模型的展示，按照展览渠道的不同，可以分为线上展示和线下展示两大类。

一、线上设计展示

文物衍生品的线上展示是应用互联网技术，将文物衍生品的设计方案以图、文、视频并茂的方式，通过线上平台面向社会大众进行展示。通常情况下，文物衍生品的线上展示会通过微信公众号、微博、视频平台、微信广告投放、设计网站、官方网站、众筹平台等方式发布。

（一）微信公众号、微博展示

以微信公众号和微博为载体的文物衍生品设计方案线上展示具有即时参与评论、点赞数据可视、成本相对较低等优势，但也受制于微信公众号和微博的社会关注量，需要借助具有影响力的微信公众号和微博"大 V"来扩大展示范围，同时要在文物衍生品介绍文字下功夫，为了拉近与社会大众的距离感，可以通过撰写软文的方式来进行推广。

（二）视频平台展示

当前，以"抖音""快手"等为代表的视频平台是最为流行的个人、官方展示平台，具有广泛的用户基础。以小视频为载体的文物衍生品设计方案线上展示，能够通过视频的方式对产品进行更为直观、全面的产品外观设计、产品功能设置、产品使用场景的综合展现，同时视频还能够通过平台的大数据分析精准地将文物衍生品的设计方案投送到受众群体中。但是该方式也受制于平台账号的关注量，如果想避免关注量的束缚则需要通过付费购买流量来获得投放量，具有一定的展示成本。

113

同时需要注意的是，小视频平台的另一个特点是迭代快，所以，为了形成良好展示效果，需要通过连续发布视频的方式来获得较为长久的关注。

（三）微信广告投放展示

微信广告投放是基于微信生态体系，整合朋友圈资源，结合用户社交、阅读和生活场景，利用专业数据算法打造的社交营销推广平台。以微信广告投放为媒介的文物衍生品设计方案线上展示，通过数据分析高度匹配用户进行投放，将展示内容潜移默化地融合在朋友圈中，同时以"引人入胜"的交互方式促成客户的互动并进入展示页面，进而完成展示任务。因此，此方式具备一定的精准性、互动性、体验性，能够产生较好的展示效果。同时，此方式也需要一定的成本投入，一方面是推广投入，另一方面是制作的投入。

（四）设计网站、官方网站展示

以设计网站和官方网站为载体的文物衍生品设计方案线上展示则利弊参半，优势在于两点：一是投入无成本，很多的设计网站都是面向设计从业人员进行作品展示的专业交流型免费平台，官方网站也是甲方客户的所属网站，因此设计推广不需要相应的平台消费。二是，在设计网站上展示能够获得大量设计从业人员的关注和评价，可以对后期文物衍生品的完善与改进提供建设性意见。同时，在官方网站上展示能够获得大量文物爱好者的关注与评价，可以获得文物衍生品内涵表达的相关意见。而其劣势则主要表现在文物衍生品设计展示的观众量受到了大幅限制，而且忽视了市场和社会大众对产品的关注和评价。

（五）众筹平台展示

众筹是当下一种新型的面向群众的募资方式，是通过众筹平台，由发起人发布项目方案、资金筹集需求及配套回馈服务，由社会大众进行项目方案读取并自愿资金赞助的商业行为。一般情况下，众筹项目注重创意特征，经常有艺术创作和设计发明的项目开展商业众筹，同时众筹也是检测项目市场认可度的一种很好的方式，能够直观地显示出用户对项目的认可度。所以以此方式开展文物衍生品设计方案线上展示和众筹，用筹集金额反观设计方案也是一种不错的方法。

二、线下设计展示

文物衍生品的线下展示相对于线上展示成本较高，而且受制于场地、空间、时间等诸多限制，因此展示的效果也有限。通常情况下，文物衍生品的线下展示包含海报展示、视频展示、展厅展示、合作展示（按照展示成本从低到高进行排序）。

（一）海报展示

文物衍生品海报展示是成本最低的展示方式。但需要注意文物衍生品展示海报的系列性和可读性。所谓系列性，就是要输出统一设计风格的多张设计海报，通过多张海报的展示，让观者能够清晰全面地获取产品认知，同时系列性的展示也能避免观者因视觉疲劳而产生无意识忽略情况的发生。所谓可读性，就是要在海报中有明确的设计说明等相关文字，能够让观者清楚了解产品的特色。

（二）视频展示

文物衍生品视频展示也是成本较低的展示方式，通常情况下会通过与文物衍生品相关的企事业单位、公共场所等环境的视频播放设备进行投放。由于视频播放有一定的时间长度，因此电梯间的视频投放以及公共交通环境内的视频投放应用广泛。但需注意的是，文物衍生品的视频展示一定要音画配合得当。同时，对产品的介绍要有吸引力、亲和力，避免生硬传播。更为重要的是，要控制视频时长，避免过度介绍、超时介绍引起受众反感。

（三）展厅展示

文物衍生品展厅展示是成本相对较高的展示方式，通常情况下会在某博物馆、展览馆的特定文物衍生品售卖处进行展示。展厅展示通常是对文物衍生品的一种综合性的展示。一方面需要呈现系列化的文物衍生品设计，单独的一个产品设计难以支撑起展示效果。另一方面需要相当体量的产品模型，并配合一系列的海报、宣传册、宣传纪念品。再一方面需要注重展示的视觉效果，展品的排布要注意主体突出、错落有致。最后需要投放较成熟的产品模型，能够支持产品体验，以此来拉近产品与用户之间的距离（图5-8）。

图5-8　文物衍生品展厅展示　周帅文创设计团队

（四）合作展示

文物衍生品合作展示是成本较高的展示方式，其成本主要来源于场地费和活动经费。为了扩大文物衍生品设计的展示范围，可以与城市商圈、广场、名品店合作，共建文物衍生品打卡地和文物衍生品设计体验地。此种方式适用于趣味性、体验性较好、国潮范儿十足、时尚感较强的文物衍生品。同时，为配合衍生品展示，也要设置一定的节目、游戏环节，同时也要植入相关的文物文化教育元素，形成以展示为核心，融合教育、娱乐、文化推广于一体的活动。

【 第六节 】 收集设计评价

文物衍生品设计开发的设计评价收集工作是基于设计展示环节中的观众反馈进行设计评价整理，形成设计评价报告指导并完善文物衍生品设计方案的环节，是文物衍生品设计开发的最后阶段，旨在为客户提供最为完善的设计方案进而进行生产加工和市场投入。该环节共分为设计评价筛选与整理、设计评价分析与总结、设计方案修改与完善三个步骤。

一、设计评价筛选与整理

如上节所述，文物衍生品的展示方式分为线上展示和线下展示两种，其中线上展示能提供大量的设计评价量，包括观看量、关注量、点赞量等数据和大量的文字性评价内容，同时线上展示的设计评价具有广泛性、多元性、综合性等特点，能够对文物衍生品设计方案给予全面评价。而线下展示的设计评价往往通过参观热度、参观留言、现场采访的方式进行体现，虽然设计评价量相对较少，但设计评价的客观性更强、真实性更强、参考性更强。

利用两种展示方式收集到的设计评价内容多且体量大，这就需要设计工作人员对评价内容、评价数据进行一系列的筛选整理工作。首先，要进行评价筛选工作，将无效评价、恶意评价、网络广告等内容和数据进行删除，以免干扰后续数据统计。其次，要进行数据整理，将报告观看量、关注量、收藏量、点赞量、评价量和好评量收集整理，分别计算出点赞率和好评率，当点评率与好评率同时低于60%时，通常将设计方案划定为失败，重新开展设计开发工作。当点评率或好评率达到60%以上，则组织开展设计评价内容整理工作。最后，组织设计评价内容整理工作，围绕设计中评、差评分别按照设计理念、创意优劣、产品功能、产品造型、产品色质、产品价格等多个维度进行导图式整理。

二、设计评价分析与总结

基于设计评价内容整理工作，分别计算设计理念、创意优劣、产品功能、产品造型、产品色质、产品价格等每个维度下的不同评价意见条目的占比。对于占比十分低的设计评价意见和受制于技术等非主观因素的设计评价意见进行暂时搁置。重点围绕几个占比较高的设计意见组织设计团队分析会，设计团队分析会成员包含设计主管、设计师、文物专家、市场经理等，将围绕分析评价意见内容进行"倒推式"的设计方案反思，发掘问题环节，并提出设计方案完善或改善意见。最终汇集设计评价数据、设计评价内容分析和各个设计改善或完善意见形成文物衍生品设计方案评价分析与总结报告。

三、设计方案修改与完善

基于文物衍生品设计方案评价分析与总结报告，邀请甲方客户、评价代表开展三方座谈会，重点围绕文物衍生品设计方案评价分析与总结报告当中的设计方案完善或改善意见进行评审，并收集甲方客户、评价代表的设计改善意见和思路，促成最终文物衍生品设计修改与完善方案的落地。

最后，根据文物衍生品设计修改与完善方案进行文物衍生品设计的重新建模、渲染、展板设计、打样等流程，并将最终的设计方案数据传输给甲方企业，在确认无误的前提下组织生产工作。

【 第七节 】 文物衍生品创意设计案例

一、兵马俑文物衍生品设计开发

（一）设计来源

"秦汉雄风"主题文博展是某历史博物馆的年度重要计划展览之一，展品汇集了秦汉时期的多件文物，能够展现出雄浑的秦汉气势。为配合展览，馆方特委托设计公司以秦兵马俑为原型设计开发一套文物衍生产品，要求文物衍生品要贴近人们的日常生活，最好以成套的产品形式体现，价格控制在百元以内每套，具有实用性、美观性和文化性。

兵马俑，即秦兵马俑，是第一批中国世界遗产，兵马俑的形制是以现实人物形象为基础，每个俑的装束、神态、发式、手势皆不尽相同（图5-9）。但总体而言，所有的秦俑面容中都流露出秦人独有的威严与从容，具有鲜明的个性和强烈的时代特征。尽管秦兵马俑是秦陵墓葬雕塑，但由于其庞大雄浑的气势、传神形象的艺术价值，早已成为秦汉时期雕塑艺术的代表，也成为展现民族精神和民族气度的象征。

兵马俑的基本风格可以概括为：写实的形象、丰富的细节、英勇宏大的气势以及庞大的阵容，是令人震撼的文化奇迹。具有守卫一方、英勇无畏、取得胜利等文化寓意。

图5-9　兵马俑
《复活的军团：秦始皇陵兵马俑发现记》商务印书馆　2012

（二）设计定位

按照馆方要求，设计团队将文物衍生品的设计定位进行了细化，并初步进行了选品（表5-3）。

表5-3　产品设计定位表

设计主题	秦汉雄风
文物名称	兵马俑
馆方理想产品范围	手办玩偶（单个或多个）、杯子、存钱罐、调料罐、徽章、冰箱贴等，结合实用性和商品接受度，选择杯子更为普遍
受众群体	参观展览的人群；20～40岁人群为主；线上网购人群
价格定位	50～100元价位区间的办公居家用品
材质要求	注重多种材质搭配
工艺需求	无

经市场调研，手办玩偶、存钱罐、徽章、冰箱贴的受众群体多为10～30岁人群，杯子的受众群体覆盖面较广，但由于现有的文创水杯设计创意泛滥，很难做出特色，且造型太过复杂的杯子也不适用于现代生活。因此，经与馆方讨论，

设计团队最终决定将兵马俑文物衍生品定位开发为面向当代都市家庭的餐厨用品——调料罐。文创调料罐产品符合20~40岁的消费人群定位，并且现有的市场开发度也尚未饱和。准确适量取用调料，符合现代简约时尚的餐厨环境，具有文化性、观赏性是对当前文创调料罐产品开发的具体要求。好的文创调料罐既可以家居使用，也可以作为伴手礼馈赠亲友。

（三）创意设计

目前的文创调料罐产品大多以图案应用为主，形式感比较单一，工艺也都集中在图案的印刷上，文化结合比较生硬。为此，可以将兵马俑铠甲士兵的形象作为设计来源，通过抽象和简化人物造型，结合产品的使用方式，将其设计开发成家用调料罐，不同的兵马俑代表着不同的调料，人们可以轻松准确地取用调料。同时，将兵马俑的武器——长矛设计成为小勺，既能够体现出兵马俑整体的威武形象，还方便了调料的取用，文化寓意与产品

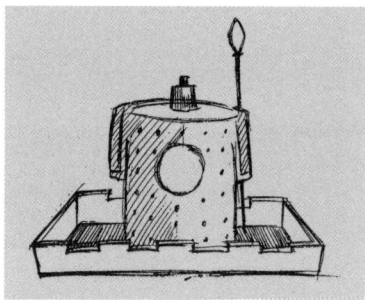

的结合也相对恰当。为此，设计师按步骤完成了设计草绘、设计建模、设计渲染、设计工程图制作和最终的设计提案。

1.设计效果图手绘

创意设计之初，设计师需手绘设计效果图，利用设计草图去推敲兵马俑文物衍生调料罐产品的造型和尺寸比例，辅助后期的模型构建和材质选用等（图5-10~图5-12）。

图5-10　兵马俑文物衍生调料罐产品设计效果图手绘　耿少博

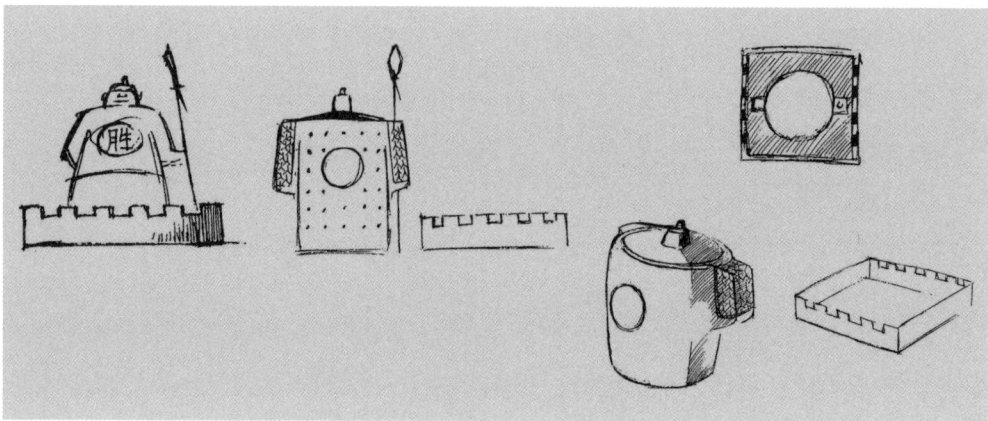

图5-11　兵马俑文物衍生调料罐产品设计草图推敲（一）　耿少博

图5-12　兵马俑文物衍生调料罐产品设计草图推敲（二）　耿少博

2.设计模型建设

草图绘制后，根据定稿设计效果图应用3D建模软件，按照一定的人机原理，准确完成兵马俑文物衍生调料罐产品的模型建设（图5-13、图5-14）。

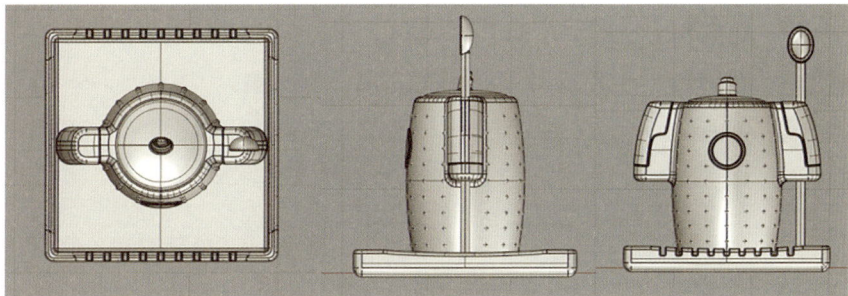

图5-13　兵马俑文物衍生调料罐产品的模型建设　耿少博

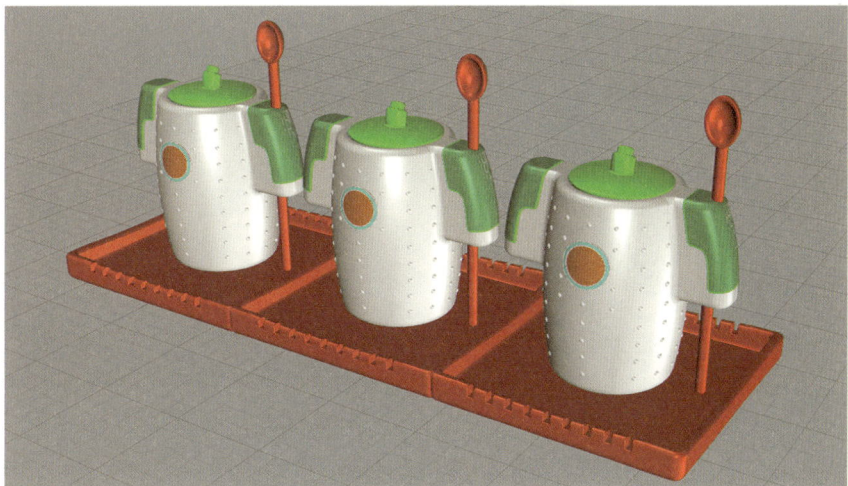

图5-14　兵马俑文物衍生调料罐产品的模型建设效果　耿少博

3.设计模型渲染

应用渲染软件，选用陶瓷、木质材质和合理的光线、环境，准确表达出兵马俑文物衍生调料罐产品的整体设计效果（图5-15、图5-16）。

图5-15　兵马俑文物衍生调料罐产品的模型渲染（一）　耿少博

图5-16　兵马俑文物衍生调料罐产品的模型渲染（二）　耿少博

4.工程图制作

设计模型渲染完成后，要准确绘制兵马俑文物衍生调料罐产品的工程图，作为后期市场加工的数据支撑（图5-17）。

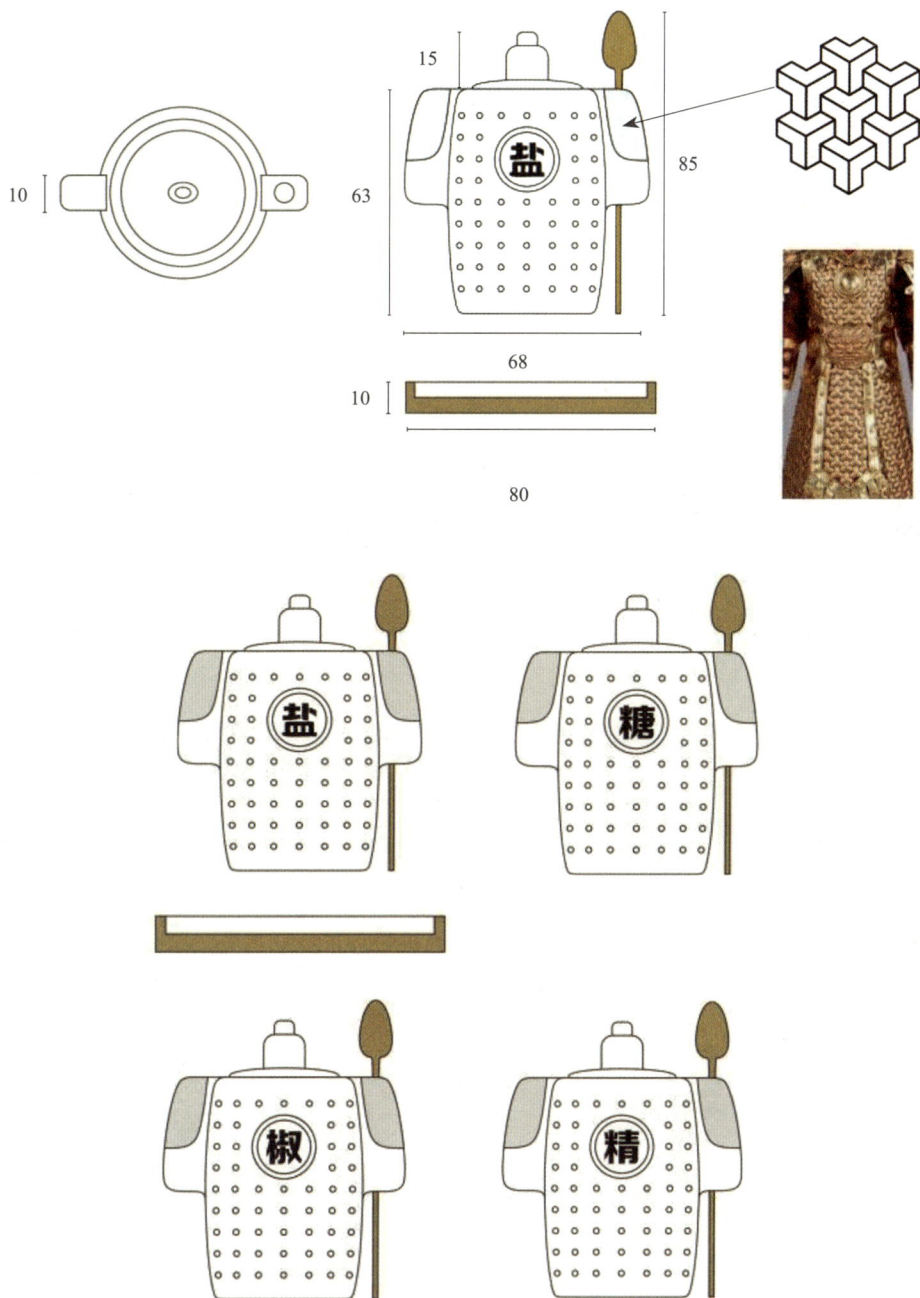

图5-17　兵马俑文物衍生调料罐产品的工程图　耿少博

5.设计提案制作

最后，设计师要将所有的设计过程性资料和最终呈现的设计效果图整合到提案展示文件中（图5-18、图5-19）。

图5-18　兵马俑文物衍生调料罐产品设计效果图（一）　耿少博

图5-19　兵马俑文物衍生调料罐产品设计效果图（二）　耿少博

二、《五牛图》文物衍生品开发

（一）设计来源

2021年是农历辛丑牛年，为了更好地宣传春节文化，推广文物文化，某博物馆委托文创设计公司设计开发一套以"牛气冲天"为主题，应用《五牛图》为元素而开发的春节伴手礼，要求文物衍生品要具有美好的祝福寓意，能够体现文物元素和皇家文化，设计新颖不落俗套，能够为青年人所喜爱，同时兼顾传统春节习俗，尊重民俗文化，实现传统与现代的结合，民俗文化与宫廷文化的结合。

《五牛图》是唐朝画家韩滉所作的纸本设色画，是我国现存最久远的纸本画作。画中共有五头姿态不同、形貌各异的牛，有的俯首吃草，有的缓步前行，有的回首舐舌，有的纵峙而鸣，有的络首而立，每一头牛都独具特点，都可独立成章（图5-20）。

图5-20　五牛图　北京故宫博物院藏

（二）设计定位

按照馆方要求，设计团队将文物衍生品的设计定位进行了细化（表5-4），并初步确定了春节伴手礼中具体包含的产品。

表5-4　产品设计定位表

设计主题	牛年春节伴手礼
文物名称	五牛图
馆方理想产品范围	食品类伴手礼、日历类伴手礼、装饰类伴手礼、习俗类伴手礼
受众群体	博物馆游客；20～40岁人群为主；线上网购人群；企业定制或商务礼赠
价格定位	50～100元价位区间的春节礼品套装
材质要求	注重多种材质搭配

经市场调研，春节伴手礼包大致分为食品类、日历类、装饰类、习俗类四大类别。春节食品类伴手礼多为糖果、糕点等，虽然近年来食品类伴手礼受到了市场的广泛欢迎，但较难融入《五牛图》的文物元素。日历类伴手礼的价格定位则超过百元，且产品形式相对单一，《五牛图》的元素也不足以支撑起一本日历的开发。因此，经与馆方讨论，设计团队最终决定兼顾春节习俗和春节装饰，开发《五牛图》文物衍生春节伴手大礼包，礼包具体包含春联、福字、红包、春条、纸雕灯、玩具等。

（三）创意设计

本次项目的设计立意是在2021辛丑牛年的基础上，通过提炼文物元素，设计出一整套包括对联，春条、福字、游戏为主要内容的春节礼盒套装。

《五牛图》是我国珍贵文物代表，在我国传统文化中，牛是兴旺的象征，寓意事业兴旺，财源不断。画面中的五牛可以分别定义为拓荒牛、好运牛、招财牛、旺家牛、如意牛。并分别承载"福牛纳福""禄牛纳福""寿牛纳福""禧牛纳福""财牛纳福"的寓意，具有富贵吉祥、平安如意的美好寓意。"五牛"可以通过扁平化和线框化的现代设计方法，转化并融植于作品中。使文物衍生品既具有五福五牛的美好寓意，又从视觉上兼顾了多个年龄阶段的喜好，让《五牛图》通过"国潮"化手段进入百姓生活中。

1. 设计创意草绘

利用设计创意草绘的方式去构思《五牛图》文创春节礼盒上"五牛"的位置关系，以及其他元素间的组织，形成主体突出，主题贴合，内容丰富的设计效果（图5-21～图5-23）。

图5-21 《五牛图》衍生春节红包设计草绘　耿少博

图5-22 《五牛图》衍生春联、福字设计草绘　耿少博

图5-23 《五牛图》衍生新春桌游图案设计草绘　耿少博

2.设计效果图制作

（1）春联设计

《五牛图》衍生的春联设计是以乾隆皇帝书法为对联内容，将《五牛图》中的"五牛"元素进行扁平化处理并点缀其中，同时以圆形的窗棂元素作为春联的底纹，也具有着圆满、团圆的美好寓意（图5-24）。

（2）福字设计

"五福临门"是中国人民对美好

图5-24 《五牛图》衍生春联设计效果图　耿少博

生活的向往和对亲朋好友的祝愿，"五福"恰可以与"五牛"相呼应。因此，《五牛图》衍生的福字设计是以康熙、雍正、乾隆、嘉庆、道光五位皇帝御笔"福"字书法为主体，并分别将《五牛图》中的"五牛"元素进行线框化处理融合其中（图5-25）。

图5-25 《五牛图》衍生福字设计效果图　耿少博

（3）春条设计

《五牛图》衍生的春条设计，将"五牛"与相应中英文祝福词汇相组合，将现代气息和传统文化意味有机融合，能够营造美好的节日氛围（图5-26）。

图5-26 《五牛图》衍生春条设计效果图　耿少博

（4）红包设计

《五牛图》衍生红包设计，将"五牛"分别以烫金工艺的形式体现在五款红包上，五款红包相连恰与《五牛图》的构图形式相匹配（图5-27）。

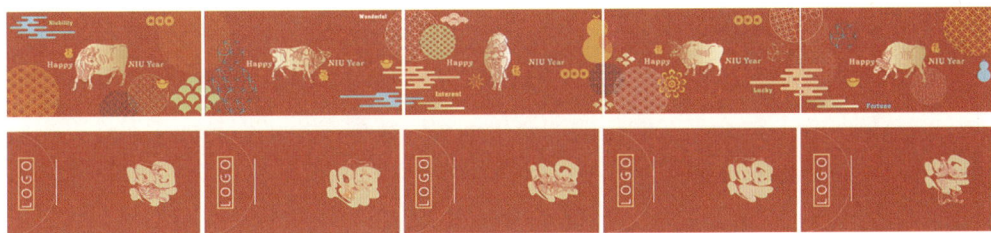

图5-27 《五牛图》衍生红包设计效果图 耿少博

（5）新春桌游棋

《五牛图》衍生的新春桌游棋，是依托"大富翁"游戏规则，融合中国春节文化、春节符号、"五牛"元素而设计开发的衍生产品（图5-28）。

一款类似于大富翁的游戏。摇骰子前进，每一格有对应的玩法和规则。

一家人围在一起参与一个游戏，不再面对手机，彼此疏远。

游戏包含奖励和惩罚，包含表演节目，发红包，成语接龙，恶作剧，才艺展示等互动游戏。拉近一家人的距离。

客户拿到公司的礼盒并参与其中，也会增进对公司文化的印象和好感。

采用卡片式筹码。

筹码用完则淘汰，最后的赢家可获得最大的红包。

图5-28 《五牛图》衍生新春桌游棋设计效果图 耿少博

129

3.产品包装效果图制作

《五牛图》文物衍生春节伴手大礼包的包装设计延用喜气的红色背景和"五牛"线框图元素,烫金工艺制作的"金牛纳福"字样突出了作品的主题性,也直接传递出美好的祝福(图5-29)。

图5-29 《五牛图》衍生新春伴手大礼包包装设计效果图　耿少博

4.设计提案制作

设计师将各产品的效果图和整套产品的展示图、海报及设计说明整合到演示文件中,形成设计提案(图5-30～图5-32)。

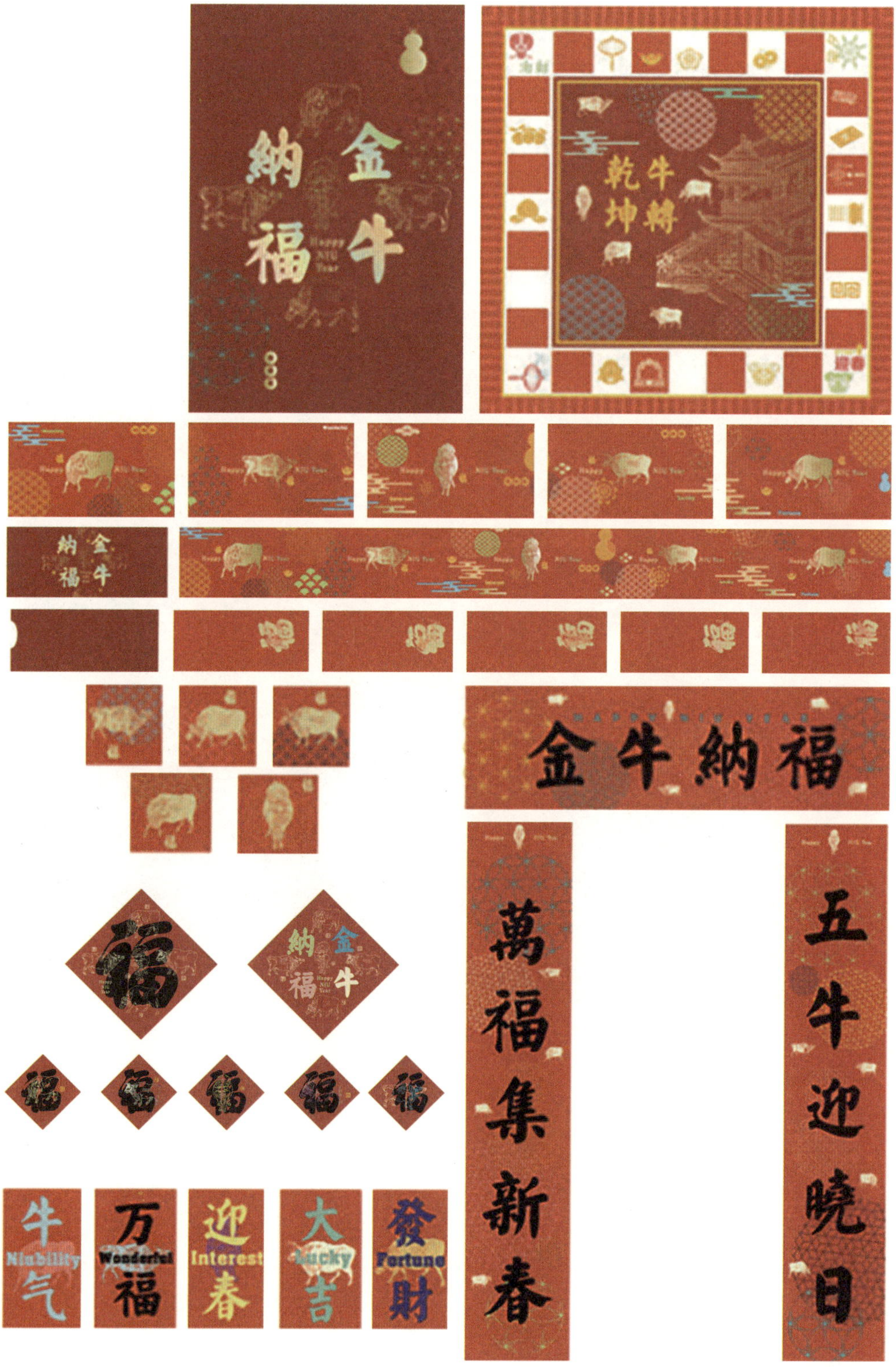

图5-30 《五牛图》衍生新春伴手大礼包全套内容展示图　耿少博

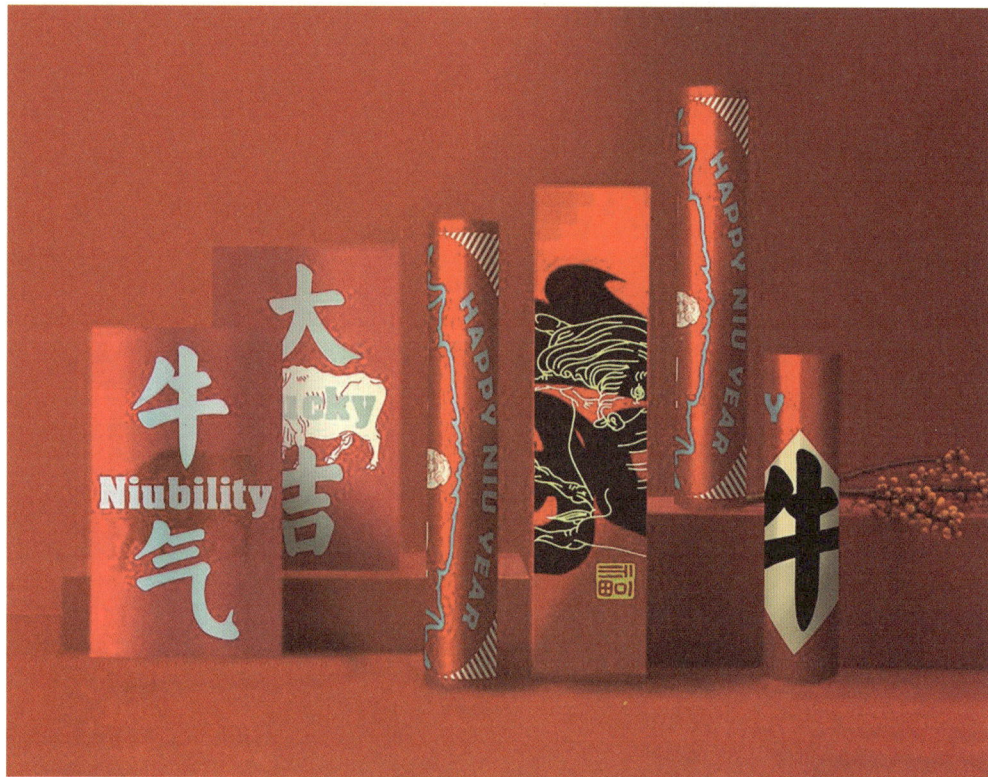

图5-31 《五牛图》衍生新春伴手大礼包套装展示图　耿少博

图5-32 《五牛图》衍生新春伴手大礼包宣传展示海报　耿少博

【参考文献】

［1］习近平.论坚持推动构建人类命运共同体［M］.北京：中央文献出版社，2018.

［2］刘佳.设计感悟：设计艺术文集［M］.北京：北京时代华文书局，2020.

［3］刘佳.当代中国社会结构下的设计艺术［M］.北京：社会科学文献出版社，2014.

［4］刘佳.感·悟·设计：设计艺术文集［M］.北京：中国轻工业出版社，2010.

［5］叶朗.美在意象［M］.北京：北京大学出版社，2010.

［6］周承君，何章强，袁诗群.文创产品设计［M］.北京：化学工业出版社，2019.

［7］符倩倩.博物馆文物介绍的教育价值分析［J］.文物鉴定与鉴赏，2020（13）.

［8］何家辉.文创开发与设计［M］.武汉：华中科技大学出版社，2020.

［9］水晶石教育.水晶石影视动画精粹：Maya & ZBrush影视动画模型［M］.北京：电子工业出版社，2012.

［10］维克多·帕帕奈克.为真实的世界设计［M］.周博，译.北京：中信出版社，2013.

［11］维克多·帕帕奈克.绿色律令：设计与建筑的生态学和伦理学［M］.周博，赵炎，译.北京：中信出版社，2013.

［12］王丽.特色文化IP与文创产品设计［M］.杭州：浙江大学出版社，2021.

［13］王俊涛.文创开发与设计［M］.北京：中国轻工业出版社，2021.

［14］杨振贤，李方，潘学松.3D打印：从全面了解到亲手制作［M］.北京：化学工业出版社，2020.

［15］周绍印.传奇：ZBrush数字雕刻大师之路［M］.北京：人民邮电出版社，2015.

［16］中华文化讲堂，谦德国学文库：墨子［M］.北京：团结出版社，2017.

［17］中华文化讲堂，谦德国学文库：论语［M］.北京：团结出版社，2017.